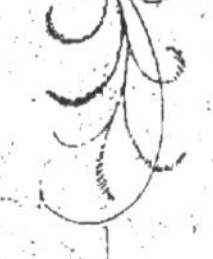

# CAISSE

# D'AMORTISSEMENT

## CRÉDIT FONCIER

### DE FRANCE

PROJET PRÉSENTÉ A L'ÉTAT

PAR

## LÉOPOLD D'EYTIER.

VILLENEUVE-SUR-LOT,

IMPRIMERIE DE X. DUTEIS, RUE GALAUP.

1862.

# CAISSE

# D'AMORTISSEMENT,

## CRÉDIT FONCIER DE FRANCE.

# CAISSE

# D'AMORTISSEMENT

## CRÉDIT FONCIER

### DE FRANCE

PROJET PRÉSENTÉ A L'ÉTAT

PAR

## LÉOPOLD D'EYTIER.

---

VILLENEUVE-SUR-LOT,

IMPRIMERIE DE X. DUTEIS, RUE GALAUP, 38.

1862.

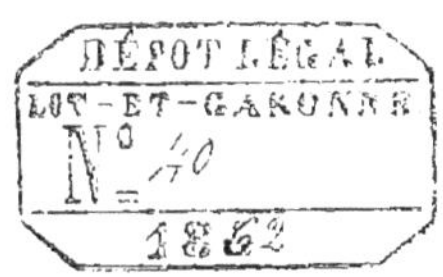

# PRÉFACE.

---

Après avoir étudié notre situation financière, j'ai été surpris de voir, et le système est vieux, que l'habileté de nos hommes d'Etat s'était résumée à demander à l'emprunt pour combler les déficits de nos budgets, et à l'impôt de quoi servir les arrérages de la dette.

Il est vrai que l'économie est plus difficile que la création d'un impôt!... Il faudra cependant bien y venir quand on sera convaincu que c'est la dernière planche de salut.

Quant à moi, je ne connais que deux résolutions énergiques à prendre :

1° Ou s'arrêter en réduisant les dépenses ;

2° Ou se laisser emporter sur cette pente fatale qui nous conduit à l'abîme, et tous les palliatifs employés jusqu'à ce jour, sont un serre-frein impuissant à nous en préserver.

Si les revenus augmentaient dans la bourse du contribuable, en raison des charges de l'Etat, l'équilibre ne serait pas rompu ; mais si d'un côté le propriétaire produit davantage et vend mieux ses denrées, de l'autre il paie plus cher tous les objets qu'il ne produit pas : son revenu disponible reste donc exactement le même.

L'impôt dépasse aujourd'hui deux milliards. Peut-on lui faire un nouvel appel sans attaquer le nécessaire ?

Je ne le crois pas !... Les richesses inépuisables ne sont que le fruit de dangereuses théories, qui se traduisent dans la pratique par la situation grevée du propriétaire foncier et par les faillites chaque jour plus nombreuses du commerce.

N'oublions jamais les rapports intimes qui existent entre ces deux générateurs de tous produits, entre ces deux sources actives qui fécondent toute chose.

Ce que le propriétaire aisé emploie à entourer son existence de bien-être, crée au commerce un débouché et lui fait rapidement une situation florissante.

Que l'impôt, après avoir enlevé le superflu, touche au nécessaire, les marchés de l'intérieur souffrent, le commerce de détail reste encombré, et par suite, la production en gros est frappée sur son marché le plus riche, le plus actif, le mieux rémunéré.

Ne cherchons donc la prospérité nationale que dans l'excédant du budget des recettes, que dans l'emploi utile et productif de nos dépenses elles-mêmes.

Nous avons entendu depuis trente ans les propositions les plus étranges, les doctrines les plus subversives, formulées au nom de la science, comme des axiômes économiques!... Après avoir trouvé la prospérité publique dans les gros budgets, on a trouvé la sécurité de l'Etat dans le chiffre élevé de sa dette!...

Est-ce parce que le gouvernement, entravé par la rente, ne peut satisfaire aux besoins légitimes du pays ?

Est-ce parce que l'Etat puise une force réelle dans les nombreux créanciers intéressés à sa prospérité ?

Je n'ai qu'un mot à répondre : les créanciers de l'Etat ne lui ont jamais servi d'appui !... la bourse fut à la hausse après Waterloo. Derrière cette avide phalange de la prime et de l'agio, qui dépense sans produire, est la masse qui travaille pour payer, sous forme d'impôts, les arrérages à servir.

Là n'est donc pas le salut !...

Effrayé de cette course rapide vers l'inconnu, je me suis déclaré l'adversaire de ces idées qui ont déjà amoncelé tant de ruines, et j'ai conclu à la diminution du budget des dépenses, à l'amortissement de la dette.

J'ai pensé que chacun devait apporter au bien général son contingent pour si faible qu'il fût, et résolûment je me suis mis à l'œuvre.

J'ai dû faire précéder mon système d'un aperçu de notre dette consolidée, pour démontrer l'urgence d'un amortissement sérieux ;

J'ai dû examiner les causes qui ont entravé le succès de la Caisse d'Amortissement fondée en 1816, jeter un cri d'alarme pour ramener autour d'elle les esprits droits et bien intentionnés;

Et par suite éviter à mon système d'aller se briser sur les mêmes écueils.

On m'a souvent répété que j'aurais deux ennemis puissants à combattre : la Banque de France et le Crédit Foncier.

Mais je tends à la Banque de France une main fraternelle; je puis lui être utile à toute heure de crise, et mes opérations n'ont rien de commun avec les siennes. Je fais ce qui lui est interdit de faire d'après ses statuts!... Pourquoi me serait-elle hostile?

Je n'ai devant moi qu'un seul adversaire : c'est le Crédit Foncier!... Et je l'attaque en face avec toute l'énergie d'une conviction profonde.

C'est à l'Etat à juger entre nous deux!... à peser ce que vaut l'intérêt d'une société qui non seulement ne remplit pas le but de son institution, mais qui fait obstacle à l'intérêt général.

# APERÇU GÉNÉRAL

## DE SITUATION.

— —

### CHAPITRE Ier.

### DETTE CONSOLIDÉE.

Le cadre de mon travail ne me permet pas d'expliquer par quelle suite d'expédients nos financiers, depuis 50 ans, nous ont conduits à un budget de plus de deux milliards, à un arrérage de près de 400 millions à servir, soit à la dette consolidée, soit à la dette flottante.

Un jour, bientôt peut-être, j'entreprendrai de mettre sous les yeux du pays, d'une manière nette et précise, la situation à nu : c'est-à-dire dépouillée de tous les artifices de langage qui lui servent de voile. Rien n'a été plus pernicieux pour nos finances que ce mystère dont elles sont entourées, qui laisse l'opinion publique inquiète, sans qu'elle puisse se prononcer en connaissance de cause sur l'étendue du péril.

Sous tous les gouvernements, tout homme qui a parlé de réduire les dépenses, a été considéré presque comme un ennemi.

On a répondu par des mots : prospérité nationale !... richesse inépuisable !...

On s'est contenté de faire rendre à l'impôt tout ce qu'il peut rendre, et l'art de balancer en chiffres un budget menteur, a constitué la science de nos hommes d'Etat.

Aussi tous les budgets connus se sont présentés avec un excédent de recettes et se sont soldés, sans exception, par un déficit.

Pour combler ces déficits, nos ministres ont eu recours, tantôt à la consolidation, tantôt à l'annu-

lation des rentes transférées à la Caisse d'Amortissement, tantôt à l'emprunt.

Je ne parle que de la situation normale, et cependant malgré les divers expédients que je viens
de signaler, malgré l'accroissement rapide de l'impôt, la dette flottante s'élève encore au chiffre
avoué de 974 millions.

Cette situation n'est-elle pas de nature à faire
sérieusement réfléchir ?

Si les ressources de l'impôt sont insuffisantes en
temps de paix !... que pouvons-nous entreprendre
à l'extérieur ?

Certes, la France a prouvé qu'elle ne marchan-
dait pas les subsides, quand l'honneur du drapeau
était engagé ; mais l'emprunt est un de ces remèdes
qui emportent le malade.

Chaque page de notre histoire est inscrite au
grand livre.

Nous ne pouvons organiser un régiment de
plus, ou mettre une canonnière à flot, sans ins-
crire une rente nouvelle.

Que dis-je !... Nous ne pouvons suffire à nos
dépenses ordinaires, et le déficit de nos misères
dépasse celui de nos gloires.

Après la tourmente révolutionnaire , la consolidation au tiers opérée en vertu de la loi du 9
Vendémiaire, an vi, légua à l'Empire une rente
inscrite au grand livre s'élevant à 40,216,000 fr.

Cette dette , pendant vingt ans de nos grandes
luttes contre l'Europe coalisée, ne s'est accrue que
de 23,091,637 fr.

Mais cet Homme , organisation d'élite , dont le
coup d'œil embrassait si rapidement un monde de
combinaisons , avait au suprême degré le génie
pratique du détail et exigeait dans l'administration
des finances l'ordre et l'économie la plus sévère.

C'est que , mieux que personne , il savait que la
richesse publique était le levier le plus actif de sa
puissance ; que tout gouvernement dont le trésor
est obéré , ne peut à l'intérieur exécuter rien
d'utile , et perd le droit d'être écouté dans les
conseils de l'Europe.

Après sa chute , la dette commence à grandir à
vue d'œil :

Rentes créées pour le paiement des dettes arrié-
rées ( lois de 1814 et 1816 );

Contribution de guerre ( lois de 1815 et 1818 );

Insuffisance des budgets (lois de 1816 et 1818);

Conversion facultative ( lois de 1816 et 1825);

Indemnité des émigrés ( loi du 27 Avril 1825 ) ;

Rachats faits par la Caisse d'Amortissement.

Tout cela nous conduit au chiffre de 202 millions 381,180 fr., rentes consolidées inscrites au grand livre avant 1830 et se décomposant :

En rentes actives, pour une somme de 164 millions 568,100 fr.;

Et en rentes créées ou transférées à la Caisse d'Amortissement, pour une somme de 37,813,080 francs.

A ce chiffre il faut évidemment ajouter :

1° Une annulation de rentes de la Caisse d'Amortissement (loi du 1er Mai 1825 ) 16,020,094 fr.

2° La dette flottante du Trésor s'élevant à 250 millions environ.

C'est la première fois que nous rencontrons dans nos budgets une de ces annulations, idée désastreuse qui a mis la Caisse d'Amortissement dans l'impossibilité de fonctionner, comme je le démontrerai bientôt.

Ainsi notre immortelle Révolution et les gloires

de l'Empire ont grevé le budget de la Restauration de 63,307,637 fr.

La Restauration a légué à 1830, 164,568,100 fr. de rentes actives à servir, soit en quinze ans, en pleine paix, une augmentation de 104,260,463 fr., déduction faite des 37,843,080 fr. de rentes transférées à la Caisse d'Amortissement et de 16,020,094 fr. de rentes acquises par elle et annulées par la loi du 1er Mai 1825.

La Restauration avait à payer l'invasion; mais de 1830 à 1848, rien ne semblait de nature à compromettre nos finances; tous les discours ministériels accusaient une prospérité croissante.

Cependant la dette consolidée s'est accru par la seule insuffisance des budgets; et le total des arrérages à servir s'est élevé au chiffre de 244,287,266 fr., se décomposant de la manière suivante :

Rentes actives . . . . . . 176,845,367 f.

Rentes créées ou transférées
( amortissement ). . . . . . 67,444,899

Total égal. . . 244,287,266 f.

Le chiffre des rentes actives ne présente qu'une

augmentation de 12,277,267 fr. sur la dette de la Restauration; mais il faut ajouter à ce chiffre, pour se faire une idée vraie :

1° L'annulation des rentes appartenant à la Caisse d'Amortissement ( lois des 27 et 28 Juin 1833 ). . . . . . . . . . . 32,000,000 f.

2° L'augmentation des rentes ac-quises à la Caisse d'Amortissement. 29,628,849

Total. . . . 61,628,849 f.

Soit en réalité un ensemble en rentes annulées, rentes acquises par la Caisse d'Amortissement et rentes actives, de 73,906,086 fr.

Joignons à ces tristes résultats l'accroissement annuel du budget !... Prenons pour point de départ ce milliard, que la Chambre salua pour la dernière fois; voyons-le s'élever graduellement jusqu'à 1,700 millions, et dès-lors il nous sera facile d'envisager la profondeur de l'abîme, sur le bord duquel les financiers de la branche cadette nous ont laissés.

Dans cette triste nomenclature, je n'ai pas compris la dette flottante du Trésor s'élevant en 1847, à 458,377,663 fr. 91 c.; en 1848, à 630,793,609 fr. 63 c.

Depuis cette époque jusqu'à nos jours, soit par le fait des déficits perpétuels de nos budgets, soit par les divers emprunts faits par l'Etat pour subvenir aux frais des guerres de Crimée et d'Italie, notre dette consolidée a fait un pas de géant.

C'est de l'histoire moderne qu'il est inutile d'analyser.

Mais ce qui est triste à constater, c'est que la Caisse d'Amortissement a presque sombré dans la tempête !... La loi du 4 Décembre 1849 l'a forcée à l'inaction, par l'annulation :

1° Des rentes provenant des rachats. . . . . . . . . . 28,622,606 f.

2° Des rentes provenant de la consolidation des réserves . . . 46,444,087

Total des rentes annulées. . 75,063,693 f.

Réduite à 12,005,615 fr., elle a cessé de fonctionner. Cependant c'était elle qu'il fallait richement doter, afin que sa puissance fût en rapport avec l'accroissement de la dette.

Jetons un coup d'œil rapide sur cette admirable institution.

# CHAPITRE II.

## CAISSE D'AMORTISSEMENT.

La Caisse d'Amortissement, créée par la loi du 28 Avril 1816, est une de ces grandes idées qui suffisent à l'illustration d'un règne.

Elle est d'autant plus belle, qu'elle permet à la nation, en la rassurant sur l'avenir, de développer toute son initiative, toute sa force, soit comme puissance militaire, soit comme puissance industrielle.

Mais existe-t-il une institution, quelle que soit sa bonté, qui n'ait dévié de son but, sous l'empire de nos passions et de nos besoins.

Elle reçut à son origine une dotation annuelle de 20 millions, élevée à 40 millions par la loi du 25 Mars 1817, avec mission d'employer les intérêts des rentes successivement achetées, en rachats de rentes nouvelles.

Enfin la vente de 150 mille hectares de forêts

de l'Etat produisit un chiffre net de 83,465,358 fr. 98 c., qui fut intégralement versé dans la nouvelle Caisse, pour lui donner une puissance d'action immédiate.... tant les auteurs de cette idée féconde comptaient sur la grandeur de ses résultats.

C'est sur la loi du 1$^{er}$ mai 1825 que doit peser la responsabilité de la marche suivie jusqu'à ce jour !...

En interdisant à la Caisse d'Amortissement de racheter des rentes au-dessus du pair, elle a par cette sage disposition créé un nouvel élément de prospérité.

1° La Caisse a pu choisir le moment le plus favorable à ses intérêts pour opérer ses rachats, et par suite éteindre un chiffre plus élevé de rentes actives ;

2° L'Etat, débiteur de la Caisse d'Amortissement, puisqu'il lui sert sa dotation et ses arrérages, a retiré de la consolidation de sérieux bénéfices ;

3° Enfin la Caisse d'Amortissement ayant une réserve puissante, a rendu au pays des services éminents, en conservant à nos diverses rentes une confiance justement méritée, en ramenant à la hausse les cours ébranlés par une crise, ou tenus à la baisse par des spéculations coalisées.

Mais à côté de ces idées d'une habileté incontestée, se trouve une de ces combinaisons funestes qui ouvrent la porte à tous les abus. Je veux parler de ce premier pas fait dans la voie de l'annulation, pensée fatale sacrifiant aux besoins du présent le plus riche filon de la richesse publique.

En prononçant l'annulation des rentes qui seraient acquises par la Caisse d'Amortissement, depuis sa promulgation jusqu'à 1830, la loi du 1er Mai 1825 a renversé l'édifice de la loi de 1816, et à dater de ce jour, au lieu d'être pour l'avenir une garantie, la Caisse d'Amortissement n'est plus qu'une succursale du budget;

Qu'une réserve destinée à couvrir les déficits annuels. C'est ainsi que périssent les choses les meilleures ! Cependant avec l'obligation d'employer ses revenus en achats de rentes nouvelles, avec la faculté de choisir son jour et son heure, et l'interdiction d'acheter au-dessus du pair, la Caisse devait arriver à une richesse immense.

C'était la capitalisation à l'infini.

On pouvait calculer la marche croissante de son actif, prévoir le moment où la Caisse d'Amortissement serait seule créancière de l'Etat.

Alors, mais alors seulement, l'annulation des rentes devait pouvoir être prononcée, parce que son existence n'avait plus le même but.

Mais à peine, forte du capital qui lui a été versé et de sa dotation annuelle, commence-t-elle à fonctionner, que la loi de 1825 vient la dépouiller de ses bénéfices.

C'est en vain qu'elle travaille, qu'elle capitalise ses revenus ; ses efforts sont paralysés par des annulations successives.

Ce n'est pas assez que le Trésor lui enlève par la consolidation un capital destiné au rachat des rentes actives !... Il demande encore à l'annulation le solde de ses déficits.

On dirait que la Caisse d'Amortissement est considérée comme une source inépuisable, destinée à légitimer toutes les folies !... Qu'au lieu d'inspirer une pensée d'économie, c'est elle qui pousse aux dépenses.

On dirait (et cette pensée est au fond de la loi de 1825) que l'Etat voit avec effroi le moment où sa dette sera payée.

Quelle force n'aurait-il pas à cette heure, si la Caisse d'Amortissement avait fonctionné d'après la pensée première de son institution.

La rente active serait rare et ne se vendrait plus qu'à des cours très-élevés, ce qui porterait le crédit de l'Etat à une puissance inconnue.

Débiteur de la Caisse de presque la totalité de sa dette, l'Etat serait à la veille, soit de pouvoir diminuer le budget des recettes, soit de posséder trois cent trente-un millions d'excédant, qu'il pourrait déverser sur la France entière, en travaux d'utilité publique, en institutions de nature à favoriser l'agriculture et le commerce, en docks, en bibliothèques, en œuvres d'art.

Trois cent trente-un millions d'excédant !... Mais ce serait le rachat possible des chemins de fer et des canaux !...

Ce serait enfin une prospérité financière qui

établirait dans le monde notre suprématie d'une manière plus complète, plus sûre que l'entretien si onéreux de notre puissance militaire.

On ne l'a pas voulu !... On n'a vu dans la Caisse d'Amortissement qu'une facilité de satisfaire aux exigences des crédits supplémentaires, ce gouffre de la fortune publique. Dès qu'elle avait acquis d'une manière sérieuse, dès que ses revenus lui permettaient d'opérer sur une large échelle, l'annulation venait encore la réduire à de faibles ressources, la ramener à son point de départ. C'est la toile de Pénélope sans cesse recommencée, sans cesse défaite.

On m'objectera peut-être que si le Trésor avait été privé de cette ressource, il eût été obligé de demander à l'impôt ou à l'emprunt ce qu'il a pris à l'amortissement, et qu'il était plus avantageux pour lui de demander aux Chambres une annulation de rentes ou la consolidation des réserves.

Je répondrai que la certitude de trouver à la Caisse de quoi couvrir les déficits, a dû bien souvent servir d'excuse aux dépenses exagérées ;

Que si un Ministre n'avait pas eu cette facilité,

il eût reculé devant ces dépenses, pour ne pas effrayer le pays par des emprunts trop souvent répétés ;

Enfin que tout emprunt ajoutant un chiffre de rentes à la dotation annuelle de la Caisse d'Amortissement, il était d'une meilleure politique de laisser à la Caisse toutes ses ressources, tout son actif, toute sa puissance, pour que, grandissant en proportion de la dette, elle pût un jour l'absorber tout entière.

Résumons le passé :

La consolidation des réserves de l'amortissement n'a été pour l'Etat qu'un nouveau mode d'emprunt ;

L'annulation des rentes, qu'un moyen désastreux de couvrir les déficits de nos budgets.

Enfin l'art. 4 de la loi du 12 Décembre 1848 a eu pour effet d'attribuer aux budgets, à partir de 1848, la réserve formée pendant chaque année, c'est-à-dire la suspension complète des opérations de la Caisse.

L'Empire s'est donc trouvé, dès son début, 1er janvier 1852, placé dans la situation suivante :

Dette consolidée, arrérages à servir, 242 millions 774,478 fr.;

Dette flottante, 614,980,561 fr. 33 c.;

Caisse d'Amortissement épuisée.;

Budget toujours en déficit, malgré les augmen-
tations qui l'avaient élevé au chiffre de un milliard sept cent millions.

Il fallait ou suivre les errements du passé ou
résister à la marche envahissante des dépenses.

L'ancienne école a prévalu, et tout en procla-
mant l'utilité des économies, tous les Ministres en
ont ajourné la pratique.

Ce n'est pas que chacun d'eux n'ait vu où nous
conduisait cette voie sombre, sur laquelle nous
étions entraînés avec une persistance qui tient
du vertige. Les avertissements venaient de toute
part; mais nul n'a eu le courage de résister au
courant, de se raidir contre les obstacles.

M. Fould est le premier qui a jeté le cri
d'alarme, et ce cri, au lieu d'effrayer, a rassuré
l'opinion, qui croyait à une situation plus mau-
vaise. La voici telle qu'elle est :

Deux milliards d'emprunts en rentes, ajoutés à

notre dette, soit en capital nominal deux milliards six cent millions environ;

135 millions de la dotation de l'armée, consolidés et appliqués au besoin du Trésor,

Dette flottante accrue de 313 millions et s'élevant à 974 millions, chiffre officiel :

1° Remboursements en 1852 (réduction du 5 en 4 1/2 ). . . . . . . . . . 78 millions.

2° Déficits des budgets de 1852, 1853 et 1854. . . . . . . . 235 —

Total égal. . . 313 millions.

Emission de 135 millions d'obligations trentenaires.

La vérité ne vaut-elle pas mieux que l'inconnu?

Ajoutez à cela la consolidation des réserves de l'amortissement, les découverts non encore établis du Trésor, ce qui reste à solder de l'emprunt fait à la Banque de France, et vous aurez une idée vraie de notre régime financier.

C'est à cette situation officiellement constatée que je veux remédier, parce que si d'un côté elle fait sentir l'urgence de s'appuyer sur autre chose que l'emprunt ou l'impôt, palliatifs du moment, de l'autre, à la condition de couper le mal à sa racine, elle ne constitue pas un danger immédiat et ne saurait ébranler notre confiance en l'avenir.

Il est évident que le mal c'est l'augmentation de l'impôt, qui représente aujourd'hui le sixième du revenu.

Cette augmentation rend la vie difficile au pauvre, parce qu'elle renchérit les matières de première nécessité.

Elle grève l'industrie d'un pesant fardeau, qui, se joignant aux frais de production, la met dans une situation à ne pouvoir soutenir la concurrence étrangère.

Pour éviter cette augmentation, il n'existe qu'un seul moyen : diminuer les dépenses... obtenir un véritable excédant au budget des recettes.

Qu'on ne s'y trompe pas, les déficits de nos budgets, qu'une sage économie aurait dû éviter, présentent au grand livre un chiffre trois fois supérieur à celui des guerres que nous avons eu à soutenir.

Là est la plaie vive !... le danger permanent !... Persévérer dans cette voie, c'est ébranler la clef de voûte de l'édifice, c'est chercher follement à s'ensevelir sous ses ruines. Tout l'avenir est dans ces mots : équilibre du budget.

Réduire les dépenses !... mais par où commencer ? Chaque ministre fait une question de portefeuille d'une réduction sur les crédits qui lui sont alloués. Où toucher ? à l'armée ? Mais toute l'Europe est un camp retranché ; c'est à qui fondra des canons dépassant la portée connue. Les gros bataillons sont le dernier mot de la politique générale.

A la marine ? mais c'est sur mer inévitablement que la paix sera signée.

Il semble que le monde est chaque jour plus étonné de s'éveiller en paix.

Il ne reste pour le moment de réductible que la rente, et encore par le travail lent, mais incessant, mais sûr de la capitalisation.

C'est donc à l'amortissement qu'il faut demander la diminution de l'impôt ; le gouvernement a bien compris que là seulement était le salut, il s'en est déjà sérieusement préoccupé : le budget de 1859 a restitué à la Caisse d'Amortissement 40 millions, en annonçant la résolution prise de compléter sa dotation normale, soit 89 millions, et d'annuler ainsi les désastreuses conséquences de l'art. 4 de la loi du 12 décembre 1848.

Mais une fois sa dotation fixée d'une manière régulière, une fois son avenir assuré, il faudra encore, pour ne pas entraver la marche de l'institution, renoncer à tout ce vieux système de consolidation et d'annulation ;

Parce que la consolidation enlève à la Caisse un capital destiné au rachat des rentes actives et n'est qu'un emprunt déguisé ( les bons du Trésor consolidés en rentes jusqu'au 1er janvier 1859 s'élevant à 1,881,331,706 fr. 51 c. );

Parce que l'annulation détruit les résultats acquis, diminue la puissance de l'amortissement, fait des ressources de la Caisse un complément du budget, et je l'ai déjà démontré, tend à perpétuer les déficits annuels par la facilité laissée à l'Etat de puiser à l'amortissement pour les combler.

Ainsi les conditions de prospérité pour l'avenir se résument à trois :

Equilibre du budget, et comme conséquences :

Interdiction de toute consolidation des réserves, de toute annulation de rentes appartenant à la Caisse.

Préoccupé du succès de la Caisse d'Amortissement, trouvant sa dotation insuffisante, tous mes efforts ont eu pour but de lui créer des ressources nouvelles !... Jusqu'à ce jour, c'est à la production agricole et industrielle que l'impôt a demandé ces ressources, sans se préoccuper des suites ; il est temps de songer à un dégrèvement et de demander à tous ce qui pèse sur quelques-uns.

Je ne puis me dissimuler que mon idée est une véritable révolution financière.

Seulement, comme toute révolution venant d'en haut, elle se produira sans trouble, sans perturbation !.... Chacun comprendra qu'elle arrive à son heure, avec d'autant plus de facilité, qu'elle repose sur une institution déjà acceptée : le Crédit Foncier.

Institution à la hausse, bien qu'elle n'ait rien produit, qui a dévié de son but, dont les obligations dépréciées seraient une ruine pour la propriété, si la propriété pouvait s'adresser à elle.

Le Crédit Foncier, dans ma pensée, cesse d'exister comme société particulière, et devient entre les mains de l'Etat la source la plus active de la richesse publique; il lui permet de prêter à la propriété immobilière à 4 0/0, et de retirer 80 millions de bénéfices annuels, sans compter les intérêts de mon capital.

Cette somme capitalisée peut s'élever en trente ans au chiffre de plus de 5 milliards. Reconstituez la Caisse d'Amortissement, qu'elle fonctionne à côté de mon système, en dehors des errements du passé, et dans cet espace de temps la dette de l'Etat sera soldée, et le budget possédera par suite un excédant de 331 millions.

Le capital de l'institution nouvelle, je le demande à la Caisse d'Amortissement, qui fonctionne depuis 1816.

Il peut devenir disponible, soit par l'application à son encaisse, des bénéfices de la conversion en 3 0/0 du 4 1/2 et du 4 0/0, soit par la vente des rentes qu'elle a précédemment rachetées, jusqu'au chiffre de 300 millions, somme nécessaire à la mise en pratique de mon système.

Comme je le démontrerai bientôt, ces trois cent millions ne sont qu'une avance ; ils n'ont à courir aucune chance de perte, et ne diminueront jamais par le fait de mes opérations.

Je les conserve sans les ébrécher d'un centime, je les conserve avec un intérêt de 4 0/0, et ajoutant ces intérêts aux bénéfices réalisés par l'émission de mes billets au porteur, je fonctionne sur un revenu fixe de 92 millions annuels.

Mes statuts et les diverses explications qui vont suivre, rendront cette combinaison aussi facile dans la pratique que dans la théorie.

# BANQUE DE FRANCE.

## EXAMEN CRITIQUE.

En France, où la routine a tant d'empire, mon système est-il une de ces innovations qui effraient?

Evidemment non! Il repose sur le sol, c'est-à-dire sur la garantie la plus sûre que le créancier puisse exiger : c'est le prêt sur contrat d'obligation, accepté par tous et depuis longtemps passé dans l'usage.

Pas de formalités nouvelles à remplir; l'emprunteur agira avec la nouvelle Caisse d'Amortissement, comme il agit aujourd'hui avec le capitaliste qui lui prête son argent, et j'obtiens ce double résultat :

1° De frapper l'usure en donnant à la propriété de l'argent à bon marché par la diminution des frais du contrat d'obligation et la réduction du taux d'intérêt ;

2° De fournir à l'amortissement une dotation qui lui permette d'éteindre la dette publique dans un délai assez rapproché.

Mon billet au porteur est lui-même un véritable titre hypothécaire, possédant un gage dont la valeur est trois fois supérieure au contrat d'obligation, dont il est la *fraction mobilisée*.

Le billet au porteur est déjà généralement accepté dans toutes les transactions, sous forme de billet de banque ; et cependant malgré tous les précédents, qui recommandent les billets de la banque de France à la confiance publique, ils ne sauraient être mis en parallèle avec les miens. C'est ce qu'il me sera facile de prouver.

La critique que je vais adresser à la Banque n'a nullement pour but de mettre en suspicion la bonté et la puissance de notre premier établissement financier ; j'ai seulement voulu faire ressortir quelques-uns des vices de son organisation, parce que je crois pouvoir y remédier, parce que mon système doit fonctionner non comme une institution rivale, mais comme un nouvel élément de crédit et de prospérité pour la Banque de France elle-même.

La base principale sur laquelle repose la Banque de France, la pensée féconde du système, c'est l'émission privilégiée de ses billets au porteur.

Quelle est leur garantie?

Il est évident que leur crédit repose sur cette conviction que la Banque possède, dans ses caisses ou en portefeuille, de quoi faire face à l'imprévu, de quoi payer à présentation ses billets en circulation.

Cette conviction est-elle fondée? Je n'hésite pas à répondre négativement. — Dans tous les momens de crise qui ont porté atteinte à son crédit, la Banque a imploré l'intervention de l'Etat, pour donner cours forcé à ses billets, ou a déclaré qu'elle ne pouvait rembourser qu'au fur et à mesure de la réalisation de son portefeuille.

Ainsi le remboursement à vue se traduit par

ces mots : Cours forcé ou suspension de paiements.

Cette situation ne constitue pas un danger, puisqu'en définitive en calculant ses échéances, la Banque est assurée de retirer de la circulation tous ses billets au porteur ; mais il est faux d'affirmer qu'ils soient payables à vue.

Il pourrait arriver que volontairement ou forcément l'encaisse de la Banque fût employé à une destination étrangère à son but, ou seulement que l'opinion publique n'eût plus confiance dans la réalité de l'encaisse ; il pourrait arriver par l'effet d'événements que nulle sagesse humaine ne peut prévoir, mais qui sont possibles, que la France eût à traverser une crise telle, que le commerce se trouvât dans l'impossibilité de payer son papier à l'échéance.

Dans ces diverses suppositions, il ne resterait à la Banque qu'une ressource pour faire face aux demandes de remboursement : le cours forcé de ses billets !... Mais le cours forcé ferait d'eux un véritable papier monnaie, un assignat !... et deviendrait une cause puissante de discrédit... Nul ne sait où s'arrêterait leur dépréciation ! quel serait l'écart entre eux et la monnaie, et rien dans l'état actuel des choses ne pourrait préserver la Banque d'une catastrophe.

Aujourd'hui surtout que l'émission autorisée s'élève au chiffre d'un milliard deux cent millions, et que le dernier bilan accuse 838 millions de billets au pörteur en circulation, où serait pour la Banque de France la planche de salut, s'il survenait une crise sérieuse ?

J'ai vu beaucoup de bons esprits se demander avec effroi pourquoi avec un capital-action de 182 millions, la Banque de France était autorisée à émettre un pareil chiffre de billets au porteur.

Est-ce pour faciliter à la Banque son compte à découvert avec le Trésor?

Mais rien ne saurait légitimer ce chiffre énorme : les prêts faits par elle au Trésor, s'ils pouvaient être allégués comme excuse, seraient la pire de toutes, et tout le monde en comprend assez les motifs pour qu'il me soit inutile de les donner.

A-t-on considéré comme capital de garantie, l'argent provenant des dépôts ou des échéances

soldées? Mais l'opinion publique ne saurait prendre
le change !.... chacun sait que tout dépôt est une
dette presque entièrement exigible à volonté, que
les échéances du portefeuille sont le fruit d'es-
comptes antérieurs, et qu'en réalité l'argent seul
des actionnaires est là pour faire face à toutes les
demandes de remboursement, à toutes les chances
aléatoires des opérations de la Banque; en un
mot, que les actionnaires seuls ne sauraient être
créanciers en cas de désastre.

L'Etat a-t-il autorisé cette émission exagérée et
de nature à jeter sur la Banque de France un
immense discrédit, parce que le numéraire n'est
plus en rapport avec l'importance des transactions,
depuis surtout la création de tant de valeurs
portant intérêt, cotées à la Bourse ?

Mais s'il en est ainsi, il fallait donner aux billets
de Banque une sérieuse garantie, un gage réel,
qui ne saurait exister dans le chiffre du capital
vrai de la Banque.

Mon système seul peut fournir à la circulation
ce capital qui lui manque, et le lui fournir sans
discrédit possible.

Je sais que le Gouvernement s'est réservé le droit de réviser les statuts de la Banque, de restreindre, s'il le juge à propos, cette émission inouie de billets au porteur !... La mesure la plus sage qu'il prendra dans l'intérêt de la Banque elle-même, ce sera de la ramener au plus tôt à sa situation normale.

Qu'on y réfléchisse sérieusement, plus le chiffre de son émission sera considérable, plus la Banque de France aura besoin de recourir à l'élévation de l'escompte, afin de sauvegarder son encaisse, et de diminuer les délais de l'échéance, afin de réaliser rapidement son portefeuille ; les dangers qu'elle court en se démunissant d'espèces métalliques étant en rapport avec l'impérieuse nécessité, qui peut naître pour elle, de rembourser un chiffre plus élevé de billets au porteur.

Elle est donc obligée, en face de cette échéance à vue de 838 millions, chiffre de son dernier bilan, de donner au plus petit événement les proportions d'une crise.

L'Epée de Damoclès !.... c'est le remboursement.

Les conséquences de cette situation sont faciles à déduire :

Pas de fixité dans l'escompte !... incertitude dans les transactions commerciales !... opérations au jour le jour !... ruine du négociant.

Nous avons vu les Banques de France et d'Angleterre élever l'intérêt de l'argent jusqu'à 8 et 10 0/0 : singulier moyen de relever le crédit, que celui de jeter un cri de détresse.

Evidemment tout négociant qui pouvait conserver son papier en portefeuille s'est tenu à l'écart ; mais tous ceux qui avaient à parer à des échéances, et c'est l'immense majorité, ont dû subir ces onéreuses conditions, et marcher ainsi à une ruine assurée.

La Banque, malgré la diminution de son portefeuille, a réalisé les mêmes bénéfices ; mais le négociant frappé à l'improviste, ne s'est pas relevé des pertes subies à cette époque, et motivées par la rareté et la cherté du numéraire.

Ainsi quand l'argent est abondant, alors que le crédit individuel pourrait se passer d'elle, la Banque de France offre ses espèces à prix réduit ;

mais qu'il survienne une crise, par le fait de quelque événement de politique intérieure ou extérieure, ou provoqué par le besoin incessant qu'elle éprouve de préserver son encaisse ; dès-lors les difficultés de l'escompte portent au commerce un coup plus terrible que la crise elle-même.

Est-ce pour arriver à un semblable résultat que la loi a autorisé les priviléges énormes dont elle jouit ?

Avec l'élévation périodique de l'intérêt, avec cette émission de billets s'élevant à plus de six fois son capital, il est facile de s'expliquer l'énorme plus-value des actions de la Banque.

Mais si d'un côté elle est puissamment organisée pour enrichir ses actionnaires, il est évident qu'elle ne saurait protéger le commerce d'une manière efficace, et que la prudence exige un prompt remède à cette situation anormale. Ce qui fait aujourd'hui son succès, peut être demain la cause première d'un désastre.

On m'objecte que la Banque de France ne saurait partager le privilége de battre monnaie, parce qu'évidemment le public se hâtera de faire une comparaison entre ses billets et ceux de la Caisse d'Amortissement.

Il est évident qu'au lieu du privilége énorme de six d'émission pour un de garantie en capital actions, base actuelle des billets de la Banque de France, mes billets au porteur auront au contraire trois capitaux de garantie au moins pour un d'émission.

Il est évident que d'un côté la garantie repose sur une valeur mobilière qui peut disparaître à un jour donné, et que de l'autre, la garantie est immuable, éternelle.

Cela ne saurait être contesté, mais la bonté d'une chose est-elle un motif pour qu'on la refuse?

Du reste, dès que la Caisse d'Amortissement ouvre un compte-courant à la Banque de France, qu'elle échange au pair ses billets contre les siens, contre numéraire ou contre titres nominatifs, véritables contrats d'obligation, c'est qu'elle les considère comme un titre de valeur égale, c'est qu'elle veut détruire dans l'opinion, toute nuance défavorable qui pourrait résulter d'une comparaison, c'est qu'elle veut leur conserver tout crédit, toute confiance.

Pourquoi en temps de crise, se hâte-t-on de se débarrasser du billet de Banque? c'est parce qu'il n'a pas de valeur intrinsèque, et que la Banque ne peut offrir aux porteurs d'autre garantie que le solde.

C'est précisément ce qui leur manque que je viens leur offrir; c'est de cette garantie réelle et sérieuse que je viens les entourer.

N'est-ce pas une large compensation du privilége qu'elle abandonne.

Ainsi dès à présent nous voyons les bienfaits rendus à la Banque de France par la mise en pratique de mon système :

1° La Banque de France pourrait sortir de la voie funeste dans laquelle elle est engagée; ramener son émission à un chiffre normal, la mettre en rapport avec son capital de garantie; parce que le vide qui se fait sentir en numéraire, serait comblé par les billets au porteur de la Caisse d'Amortissement; cette mesure aurait pour résultat d'éviter tous les dangers que j'ai déjà signalés ;

2° La facilité donnée à chacun d'échanger les billets de la Banque, soit contre les billets de la Caisse d'Amortissement, soit contre espèces, soit contre titres nominatifs, détruirait ces crises factices, qui naissent du besoin qu'a la Banque de France de préserver à tout prix son encaisse, afin de faire face au remboursement de ses billets et ferait disparaître entièrement pour l'avenir le cours forcé, cette cause incessante de discrédit.

Mon système n'a nul besoin, pour marcher, de la protection de la Banque..... mais j'ai dû songer à être utile à une institution qui a rendu à notre commerce des services si éminents, et dont le crédit est assis sur des bases toutes puissantes. Cet appui loyalement prêté à la Banque de France est d'autant plus désintéressé, qu'il n'existe rien de commun ni dans notre manière d'opérer, ni dans notre clientelle, ni dans le but à atteindre.

La Banque de France ne reçoit que les valeurs, fruit sérieux d'une raison commerciale, à 90 jours au plus d'échéance ;

Elle ne prête pas à la propriété, même à courts jours ;

Ne reçoit des contrats d'obligations, que pour se couvrir d'une créance en péril.

La Caisse d'Amortissement ne prête pas sur billets, quelles que soient les signatures, et ne fait d'escompte d'aucun genre.

Elle ne prête que sur contrat d'obligation, et à longue échéance.

En d'autres termes, les opérations de l'une finissent où celles de l'autre commencent.

Les statuts de la Banque lui interdisent toutes les opérations faites par la Caisse d'Amortissement.

Les statuts de la Caisse d'Amortissement lui interdisent toutes les opérations faites par la Banque de France.

La ligne de démarcation est aussi profonde que possible.

Quel antagonisme pourra donc jamais exister entre ces deux Etablissements, fondés l'un et l'autre pour élever à son plus haut point la richesse nationale ?

# CRÉDIT FONCIER.

## EXAMEN CRITIQUE.

---

L'idée première d'un Crédit Foncier remonte déjà bien loin ; les économistes étudiant le contrat d'obligation ont cherché à utiliser une valeur sérieuse, mais inactive : nul n'a réussi.

Les cédules hypothécaires jetaient une masse de valeurs en circulation, mais sans garantie, sans contrôle possible, donnant aux propriétaires une effrayante facilité de ruine.

La Banque territoriale de l'an x a échoué par le fait des dépenses obligées et très onéreuses de l'emprunteur, par la difficulté même des transactions , par cette crainte qu'inspirait encore au public le souvenir de notre papier-monnaie.

Toutes les idées produites dans ces derniers temps offrent , du reste comme les précédentes , les insurmontables difficultés d'une émission indéfinie , de nature à provoquer des crises sérieuses et à nous jeter dans l'inconnu. Il ne suffit pas qu'elles présentent des garanties réelles, il faut encore que leur mise en pratique ne soit pas un brusque bouleversement de toutes les bases sur lesquelles repose notre économie sociale.

Constitué par actions de 500 fr., au capital de 30 millions, le Crédit Foncier a fait naître à son début de vives espérances !... c'était la Banque du propriétaire... par suite, un nouvel élément de production.

Il devait prêter à bon marché , pour faciliter à la propriété foncière la libération de sa dette, pour frapper au cœur l'*usure*, que toute législation est impuissante à détruire.

Jamais institution n'a menti d'une manière plus complète à son programme , n'a plus rapidement dévié de son but. Il ne pouvait en être autrement;

son impuissance est écrite à chaque page de son organisation : c'est ce que je vais démontrer d'une manière irréfutable.

Le Crédit Foncier lui-même ne s'est jamais fait illusion sur sa valeur réelle !... Avec un capital de 30 millions, dont il n'avait encaissé que la moitié, il savait très-bien qu'il ne pouvait aborder de front notre dette hypothécaire, s'élevant au moins à dix milliards, et qui doublerait le jour où le propriétaire, au lieu de payer 6 0/0 sur lettre de change, trouverait à emprunter à 4 0/0 sur contrat d'obligation.

Dès le début, il s'est trouvé en face de l'immobilisation, malgré l'institution impuissante de la lettre de gage.

Il a donné des espèces aux premiers emprunteurs qui se sont présentés ; mais dès qu'il a été obligé de payer 5 0/0 lui-même aux capitalistes, pour avoir des fonds, il n'a plus été qu'un intermédiaire sans bénéfices, non-seulement inutile, mais onéreux pour l'emprunteur.

Doublez, triplez le capital-actions du Crédit Foncier, le résultat sera le même !... Espérait-il que ses obligations seraient recherchées, qu'il réaliserait un bénéfice sur leur placement.... ou du moins qu'elles seraient un mode de renouveler sans cesse son capital espèces ?

L'expérience est venue rapidement lui enlever cette dernière illusion !... C'est en vain qu'il a affecté une prime à ses obligations ; elles ont subi une dépréciation rapide et n'ont été achetées à la bourse qu'au-dessous du pair.

Dès-lors, au lieu de donner de l'argent à l'emprunteur, le Crédit Foncier lui donne ses obligations au pair, c'est à lui à les réaliser en espèces, c'est à lui de supporter la différence entre leur valeur nominale et le cours du jour.

Ainsi aux frais de contrat, augmentés par les titres infinis qu'il doit produire, l'emprunteur doit ajouter :

1° Un intérêt de 5 0/0, avec une commission annuelle ;

2° Les frais d'expertise, qui varient de 1/2 à 1 0/0 ( le Crédit Foncier qui n'a pas de succursale en province, expédiant de Paris un expert chargé d'estimer la propriété de l'emprunteur ).

3° La différence entre la valeur nominale et le prix de vente, puisqu'au lieu de recevoir des espèces, il reçoit des obligations qu'il est obligé de négocier avec une perte de 6 à 16 0/0.

4° Enfin en cas de libération anticipée, une indemnité de 1/2 0/0.

D'après cet exposé, dont l'exactitude ne saurait être contestée, est-il possible à la propriété de s'adresser au Crédit Foncier? Chacun sait ce que produit le sol, eu égard au prix d'achat, déduction faite du prix de main-d'œuvre, des frais d'entretien des ustensiles et bâtiments d'exploitation et de l'impôt.

On nous dit sans cesse : l'agriculture manque de bras, la production n'est pas en rapport avec les sacrifices de toute nature que le propriétaire foncier s'impose !... Mais c'est la suite du système adopté !.la suite forcée, inévitable !...

C'est en vain que l'Etat s'efforcera de mettre l'agriculture en honneur, en vain qu'il favorisera la création de comices agricoles... Les plus belles théories viendront se briser contre le fait brutal : le sol manque de crédit, l'argent se retire de lui pour aller à l'industrie, aux chemins de fer; le capitaliste, à cause des frais de cession, n'accepte le contrat d'obligation que pour couvrir une créance douteuse; par suite, émigration vers les villes, diminution de travail, diminution de produits. La propriété reste livrée à l'usure, à la lettre de change, ce mode de tourner le 5 0/0 légal, heureuse encore de trouver un crédit à ce prix.

Si le Crédit Foncier est pour elle la seule planche de salut, si c'est tout ce que nos financiers ont trouvé de bon pour remédier à sa situation, je le demande, pour la tuer à jamais, qu'eussent-ils inventé de mieux?...

Du reste, cette démonstration n'a rien appris à personne, rien appris au Crédit Foncier lui-même. Il sait depuis le premier jour, qu'une fois son capital engagé dans les milliards de la dette hypothécaire, il ne lui resterait pas assez de bénéfices pour payer ses frais de bureaux!...

En effet, si d'un côté il reçoit l'intérêt de l'argent qu'il prête, de l'autre il est débiteur des intérêts des obligations émises par lui : intérêts qui ajoutés aux lots et à la prime, le laissent en face de dépenses énormes, avec la seule ressource de la différence qui constitue son bénéfice annuel.

Aussi n'a-t-il pas établi des succursales en province, afin de n'avoir rien à démêler avec la propriété foncière; l'exagération même des frais mis à la charge de l'emprunteur, l'impossibilité pour ce dernier de fournir tous les titres qui lui sont demandés, sont une fin de non recevoir déguisée.

Il reste donc établi que le Crédit Foncier ne veut ni ne peut prêter à l'agriculture !.. Je n'insiste pas, parce qu'à ces raisonnements vient se joindre la logique des faits. Quelles sont les opérations faites depuis dix ans avec le propriétaire foncier?...

La question est jugée par la réponse que le Crédit Foncier est obligé de faire !...

Ce que j'ai dit du Crédit Foncier, je le dis des deux institutions qu'il patronne, *le Drainage* et le *Crédit agricole*. Ces diverses institutions ne peuvent prêter qu'après avoir emprunté, puisque l'émission des obligations portant intérêt n'est autre chose qu'un emprunt.

Ces obligations étant tombées au-dessous du pair, il faut donc de deux choses l'une : ou qu'elles prêtent à un taux assez élevé pour rattraper cette différence et réaliser un bénéfice, ou qu'elles imposent à l'emprunteur ces obligations au pair, et dans les deux cas, c'est sur lui que retombe le fardeau de la perte à subir. Quel est le propriétaire foncier acceptant de pareilles conditions, qui ne marche rapidement à sa ruine !...

Seule la propriété bâtie, à cause du revenu qu'elle donne, a pu s'adresser au Crédit Foncier, parce que l'emprunteur est sur les lieux, parce que la création d'un nouveau Paris, au milieu de l'ancien, exige des capitaux qu'il faut se procurer à tout prix.

Quelles sont les opérations si lucratives du Crédit Foncier qui ont légitimé cette plus value de ses actions, en même temps que ses obligations sont au-dessous du pair.

Est-ce ses spéculations sur les grains ?

Est-ce l'argent qu'il prête sur dépôt de valeurs industrielles ?

Est-ce son compte-courant avec le Trésor ?

Est-ce ses opérations de Bourse?

Bien que le premier directeur du Crédit Foncier ait déclaré dans un de ses comptes rendus, avoir réalisé par une heureuse combinaison, un bénéfice de cinq cent mille francs au profit de la Société, (ce qui, dit-on, motiva sa démission), il serait imprudent de compter tous les ans sur des produits de cette nature : de pareils aveux ne sont pas faits pour établir une confiance illimitée, car les chances aléatoires du jeu, dans ces derniers temps surtout, ont été un triste moyen d'augmenter le chiffre des dividendes.

Le vrai motif de la hausse du Crédit Foncier, disons-le, c'est la protection toute-puissante de l'Etat; c'est la subvention de dix millions qu'il reçoit du Trésor!

C'est avec cette subvention, qu'il a jusqu'ici payé et les intérêts et les dividendes ; cette subvention épuisée, avec quoi pourra-t-il faire face à ses frais d'administration? par quelle ingénieuse combinaison maintiendra-t-il le prix élevé de ses actions.

Cette subvention faite au Crédit Foncier, constituant une rente annuelle à raison de cinq pour cent sur le montant de ses prêts, lui sera-t-elle continuée afin de le tenir à flot ?... C'est ce que l'avenir nous apprendra !... Tant d'intérêts sont engagés dans les opérations de cette Caisse, que l'Etat ne peut la laisser succomber, et que s'il refuse de la remplacer par une institution meilleure, qui puisse sauvegarder de suite toutes les positions acquises, une fois les premiers dix millions épuisés, il faudra que le Trésor subisse bien longtemps encore des subventions nouvelles.

Une des conditions de cette subvention, était que le Crédit Foncier établirait des succursales en province !... condition qu'il n'a jamais remplie, à moins qu'on n'appelle succursale, l'étude d'un notaire correspondant !.... c'était du reste une dépense inutile. Le propriétaire foncier a jugé d'une manière si complète cette institution, que l'on serait tenté d'accorder une prime à celui qui le premier passera un acte de prêt consenti par le Crédit Foncier et accepté par un débiteur solvable.

Ainsi, ce qui fait la hausse des actions, répétons-le, c'est la subvention allouée par l'Etat. Nous verrons bientôt à quoi se réduisent les bénéfices réalisés sur les prêts.

Je n'ai pas à savoir si le public est ou non victime d'une erreur, si les actions sont libérées en tout ou en partie, si le dividende de 7 0/0 qui est annoncé comme minimum, est calculé sur des actions entièrement libérées, ou seulement sur des versements opérés?... cela regarde la spéculation, les actionnaires : Dieu leur conserve un heureux sommeil !...

Pour moi, peu m'importe !... tout ce que je veux établir, c'est que pendant que sous l'influence des motifs que je viens d'énumérer, les actions sont en hausse, par une singulière anomalie les obligations sont en baisse, malgré les émissions avec primes et lots, malgré les dépenses fabuleuses pour les réclames que le Crédit Foncier adresse à ce bon public de France.

Là est cependant le nœud de la question, car il n'y aura bénéfice à prêter, que lorsque les obligations seront recherchées au-dessus du pair !...

Pourquoi cette baisse ?

Parce que la confiance manque, parce qu'il n'existe pas de contrôle suffisant pour éclairer l'opinion ;

Parce que nul ne sait si le chiffre d'émission ne dépasse pas celui des prêts consentis, si le capital de garantie est réel.

Il est une troisième raison, c'est que ces obligations sont émises à des taux différents ; que les primes et lots, expédients pour soutenir leur crédit, ne justifient pas la différence de l'intérêt ;

Enfin qu'elles reposent sur la propriété bâtie, qui n'offre pas la même sécurité que la propriété foncière, bien qu'il ne puisse rentrer dans l'esprit de personne de calculer les éventualités qui pourraient anéantir ou affaiblir leur valeur actuelle.

De cette discussion il résulte :

Que la hausse des actions est factice, et n'est due qu'à un dividende provenant moins des bénéfices réalisés que de la subvention payée par l'Etat;

Que la baisse rationnelle de ses obligations met le Crédit Foncier dans l'impossibilité de réduire le taux de l'argent ;

Que toute opération entre lui et le propriétaire du sol, conduirait ce dernier à une ruine inévitable.

Ainsi changeons ce titre, qui est une étiquette menteuse; donnons au Crédit Foncier le seul nom qui lui convienne : celui de Caisse des Entrepreneurs; que sous ce nom, il soit patronné par l'Etat, subventionné par lui, je le veux, les plans destinés à faire de Paris une merveille, peuvent lui donner une apparence d'utilité publique; mais qu'il laisse à une institution meilleure et digne de le porter, le nom de *Crédit Foncier de France*.

Il me reste à analyser le Crédit Foncier, non point dans ses rapports avec le propriétaire du sol, il a échoué d'une manière si complète, qu'il est à jamais condamné, mais au point de vue de ses propres intérêts, afin de savoir s'il est né viable.

Nous venons de jeter un coup d'œil sur les diverses expériences faites, et nous trouvons que tous les systèmes ont échoué par l'absolu de leurs combinaisons.

Les uns, voulant éviter toute intervention de l'Etat, ont ajouté à une émission indéfinie et sans contrôle de titres, une facilité de les mettre en circulation, qui était pour les familles une menace perpétuelle de ruine.

Les autres, frappés de la rareté du numéraire et de sa cherté, ont voulu y remédier en donnant à l'Etat, comme indemnité des droits qu'il devait abandonner, une partie des bénéfices, à la condition d'inonder le marché d'un chiffre indéfini de billets au porteur improductifs d'intérêts, sans songer que la dépréciation de ces mêmes titres en serait la conséquence inévitable; sans songer que les transactions souffrent du trop plein comme du manque de numéraire; sans songer que l'Etat serait dans les transactions ordinaires, la seule personne obligée de les recevoir au pair.

D'autres enfin, ne comprenant pas l'heureuse combinaison d'un moyen terme, ont conclu au rejet de tout billet au porteur non productif d'intérêt, et comme le Crédit Foncier, pour éviter un écueil, sont allés se briser sur un autre.

Que voulait le Crédit Foncier?

Son titre l'indique : prêter au sol, favoriser

l'agriculture, par la réduction du taux de l'argent.

N'est-il pas évident qu'en créant des titres productifs d'intérêts, c'était ajouter de nouveaux titres à ceux qui se vendaient à la Bourse : rentes sur l'Etat, chemins de fer, valeurs industrielles !..

Que ces titres ne pouvant être acquis qu'avec des espèces, plus il en existera, plus le manque d'argent se fera sentir, plus il deviendra cher, plus l'intérêt sera élevé.

En émettant ses obligations, le Crédit Foncier a donc été contre le but qu'il se proposait d'atteindre : au lieu de faire diminuer le prix de l'argent, concurremment avec les diverses valeurs de la Bourse, il a contribué à le faire augmenter.

Ce manque de logique a eu de funestes conséquences ; une fois son capital absorbé par les premiers prêts consentis par lui, le Crédit Foncier n'a pu en faire de nouveaux, qu'à la condition de créer des obligations et d'en trouver le placement.

Les deux cent millions d'obligations émises au début, à 3 0/0, eurent une singulière destinée :

les titres libérés perdirent de suite 25 0/0 de leur valeur, parce que le public comprit bien vite que les primes et lots attachés à cette première émission, au lieu de valoir 2 0/0 , estimation du Crédit Foncier , valaient à peine en réalité 1 0/0.

Parce qu'un titre d'une valeur nominale de cent francs rapportant 3 0/0 d'intérêt, et une éventualité de 1 0/0, ne pouvait pas avoir la prétention de valoir plus que l'intérêt qu'il donnait.

A ces motifs, se joignit la pensée d'une émission n'étant en rapport ni avec les prêts consentis, ni avec le capital de réserve, parce qu'à tort ou à raison on supposa qu'il pouvait créer des obligations à volonté.

De là un discrédit qui n'a disparu un moment que pour renaître encore, et qui maintient ses obligations au-dessous du pair.

Si le Crédit Foncier prêtant à 5 0/0 , avait pu placer au pair ses obligations à 3 0/0 , malgré les lots et les primes à solder, il eût réalisé un bénéfice convenable ; mais avec la dépréciation qu'elles subissent, si l'émission de ses obligations est loyalement limitée au chiffre des sommes prêtées, la différence est si minime entre l'intérêt qu'il reçoit de l'emprunteur et celui qu'il sert aux porteurs de ses obligations, qu'il doit à peine dépasser les frais de toute nature que nous retrouvons dans les comptes rendus annuels.

Conséquences :

Inutile à la propriété foncière, le Crédit Foncier ne peut produire de bons résultats même pour les actionnaires.

Il ne peut vivre que subventionné par le Trésor.

Mais, me dira-t-on, le Crédit Foncier n'a plus de clientelle que dans la propriété bâtie ; les embellissements de Paris exigeant des travaux rapides, l'emprunteur seul, supporte la dépréciation des obligations qui lui sont remises au pair contre l'hypothèque qu'il donne.

Le fait n'est pas exact dans toute son étendue, puisque le Crédit Foncier fait vendre lui-même des obligations au cours du jour.

Mais il est malheureusement trop vrai pour la majeure partie des obligations émises. Quant à moi, si j'avais voix délibérative, je préférerais, au nom de la morale, subventionner largement le

Crédit Foncier, maintenir ses actions à un prix convenable, que de l'autoriser à donner ses obligations au pair à l'emprunteur, spéculant sur les revenus futurs de la propriété bâtie, et ne subissant ces onéreuses conditions que parce qu'il faut reconstruire à tout prix.

Je me suis toujours demandé comment l'Etat pouvait tolérer un abus si effrayant du Crédit !...

L'emprunteur donne un titre d'une valeur réelle, d'une valeur fixe, assuré contre toute dépréciation, et le Crédit Foncier lui impose au pair son papier, qui de notoriété publique est d'une valeur inférieure.

Mais cela ressemble aux prêts faits par les Juifs aux fils de famille ; on leur donnait tant en espèces, tant en marchandises, qu'on leur vendait fort cher et que l'on rachetait à bas prix.

En un mot, c'est de l'usure au premier chef !... Et la connaissance du prix réel des obligations du Crédit Foncier par les deux contractants, ne saurait enlever aux transactions ce honteux caractère.

Je pourrais prendre le Crédit Foncier à son

début, analyser ses diverses opérations, mais ce travail ne servirait qu'à accumuler des preuves nouvelles à l'appui de ce que je viens d'avancer.

N'est-ce pas suffisant ?...

Je conclus donc à la suppression du Crédit Foncier de France, à sa liquidation immédiate.

Après l'exposé pratique de mon idée, il me sera facile de démontrer que cette liquidation que je sollicite, n'apportera aucune perturbation dans les affaires, ne fera aucun vide dans les transactions, dans les besoins ; que mon système seul peut remédier à tous les vices du Crédit Foncier, sauvegarder les intérêts des emprunteurs et ceux des porteurs des obligations en circulation, prêter à la propriété foncière au taux de 4 0/0, en donnant à l'État un bénéfice énorme, au lieu de lui demander une subvention, en évitant ces deux écueils : 1° émission indéfinie de titres ; 2° immobilisation du capital.

On me dit : c'est contre le Crédit Foncier, c'est contre ce colosse aux pieds d'argile que toute amélioration est venue se briser.... par le seul fait qu'il existe !... parce que l'influence de son personnel est toute puissante !... parce que ce personnel a l'oreille de toutes les grandeurs du jour.

C'est une erreur !... le Crédit Foncier est debout parce que tous les systèmes proposés conduisaient à l'inconnu, qu'on n'avait formulé rien de pratique, que la ruine du pays était au bout de chacun.

Peut-on blâmer le Gouvernement d'avoir préféré ce qui est, même subventionné, même ayant dévié de son but, à de funestes théories.

Mais aujourd'hui que ces deux institutions sont en présence,

L'une s'appelant : Crédit Foncier de France, avec tous les vices que je viens de signaler,

L'autre s'appelant : Caisse d'Amortissement, Crédit Foncier de France, ayant pour résultat le solde de la dette publique,

Ce n'est qu'après une discussion approfondie qu'une décision sera prise, ce n'est qu'un examen sérieux et désintéressé qui fera rejeter l'une ou l'autre.

# STATUTS

## DE LA CAISSE D'AMORTISSEMENT,

## CRÉDIT FONCIER DE FRANCE.

---

## TITRE I<sup>er</sup>.

### BUT DE L'INSTITUTION.

ART. I<sup>er</sup>. L'institution prend le nom de CAISSE D'AMORTISSEMENT, CRÉDIT FONCIER DE FRANCE.

Elle a pour objet :

1° De prêter sur hypothèques aux propriétaires d'immeubles des sommes remboursables à échéances fixes, au taux de 4 0/0, ou avec amortissement, et dès lors les intérêts annuels seront en proportion des annuités à parcourir pour éteindre la dette.

Les sommes prêtées à la propriété foncière, sur première hypothèque, ne pourront s'élever au-dessus du tiers de sa valeur, au-dessus du quart, pour la propriété bâtie;

2° De créer des billets au porteur, circulant comme les billets de la Banque de France, ne pouvant dépasser un chiffre ultérieurement fixé par les Chambres, sur la proposition du Ministre des finances, et n'étant que la mobilisation des contrats d'obligation souscrits par les emprunteurs à la Caisse d'Amortissement;

De créer des titres nominatifs destinés à céder aux capitalistes, par l'endossement et le transfert, les contrats d'obligation acceptés par ladite Caisse.

Art. 2. La Caisse pourra, en cas de capital improductif, faire tous versements à l'Etat, contre des bons du Trésor ou en compte courant, mais toujours remboursables suivant ses besoins.

Art. 3. Elle pourra ouvrir un compte courant à la Banque de France, mais jamais aux particuliers, ni recevoir d'eux des dépôts avec ou sans intérêts.

Art. 4. Elle pourra prêter sur nantissement de matières d'or ou d'argent ou sur dépôt de titres de rentes et valeurs industrielles, mais à trois mois d'échéance au plus; le conseil d'Administration fixera le chiffre que la Caisse peut prêter, d'après la valeur des titres déposés.

Art. 5. Son siége est à Paris, sous le nom de *Caisse Centrale*, avec une succursale dans chaque département.

Art. 6. La Caisse d'Amortissement fonctionnera le jour où l'organisation des succursales sera complète. Un compte courant sera ouvert par chaque succursale à toutes les autres, et par chacune d'elles à la Caisse Centrale.

## TITRE II.

### CAISSE CENTRALE.

Art. 7. La Caisse Centrale :

1° Reçoit et examine les comptes des opérations des diverses caisses de Paris et des départements ;

2° Elle est dépositaire des souches des billets au porteur et des billets nominatifs ;

3° Elle fixe les coupures des billets au porteur sur les besoins de la circulation monétaire;

4° Elle détruit les billets frappés de la mention *payés*, qui lui sont renvoyés maculés par les diverses Caisses ;

5° Elle sert de lien, de régulateur, aux diverses Caisses fonctionnant en France, mais ne fait elle-même aucune opération de prêt;

6° Elle n'est instituée que pour surveiller les opérations générales, afin que chaque fois qu'un prêt est remboursé ( qu'il soit arrivé régulièrement à échéance ou qu'il ait été payé par anticipation) les billets au porteur émis sur ce prêt, ou le titre nominatif cédé, soient détruits ;

7° Elle a pour but de faire que les porteurs des titres émis par elle, soient toujours assurés de l'existence d'une garantie réelle, et que l'émission des titres au porteur ou la cession d'un titre nominatif ait toujours sa garantie correspondante dans les contrats d'obligation cédés à la Caisse d'Amortissement ;

8° Elle possède dans ses caisses le capital entier de la nouvelle institution, et le distribue aux diverses succursales, suivant les besoins de chacune d'elles, après délibération du Conseil d'Administration;

Elle seule, conformément au titre I$^{er}$, art. 2 des présents statuts, peut ouvrir au Trésor un compte courant pour les avances qu'elle lui fait, soit à découvert, soit en échange de bons du Trésor, productifs d'intérêt et remboursables suivant ses besoins;

10° Enfin, en cas de capital improductif, elle seule peut l'employer en achat de rentes au-dessous du pair; transférées en son nom, ces rentes la rendront créancière de l'Etat, qui, sous aucun prétexte, ne pourra en demander aux Chambres l'annulation.

ART. 8. La direction de la Caisse est confiée à un Gouverneur et à trois Sous-Gouverneurs. elle a un Conseil d'Administration de vingt Membres et quatre Censeurs. Ces derniers devront adresser un rapport mensuel à la Cour des Comptes, et fournir aux représentants de nos assemblées législatives, tous renseignements, de nature à les éclairer sur la situation de la Caisse avant les débats annuels des Chambres.

Art. 9. Elle a la disposition du capital de la Caisse d'Amortissement, c'est elle qui fixe ce qui est nécessaire à chaque succursale.

Art. 10. Elle reçoit des censeurs des succursales un rapport mensuel sur la marche de chacune d'elles.

Elle reçoit trimestriellement, signé du Gouverneur et du conseil d'Administration, le bilan officiel des opérations de chaque succursale, et dresse le bilan général que la Caisse d'Amortissement est tenue de publier par trimestre.

Art. 11. Elle est soumise à toute vérification des censeurs et des inspecteurs des finances; elle doit fournir tous renseignements à la Cour des Comptes.

## TITRE III.

## CAPITAL.

Art. 12. Le capital est fixé à trois cents millions.

Art. 13. Chaque succursale recevra de la

Caisse centrale un capital proportionné à son importance, capital qui pourra toujours être augmenté suivant les besoins, avec l'adhésion du conseil d'Administration de la Caisse centrale.

## TITRE IV.

## DIRECTION.

Art. 14. La direction de la Caisse à **Paris**, Lille, Lyon, Marseille et Bordeaux est confiée à un Gouverneur et deux Sous-Gouverneurs.

Dans les autres succursales à un Gouverneur et un Sous-Gouverneur.

Le traitement d'un Gouverneur ne peut dépasser 50 mille francs ni être moindre de 20 mille; celui des Sous-Gouverneurs dépasser 30 mille francs ni être moindre de 10 mille.

Art. 15. Chaque Caisse en dehors de ses Gouverneurs et Sous-Gouverneurs, aura un conseil d'Administration, composé de cinq Membres, dont le Gouverneur, et en cas d'absence le Sous-Gouverneur sera président de droit.

Art. 16. C'est au Ministre des finances et au Ministre de l'agriculture et du commerce qu'appartiennent toutes les nominations.

Art. 17. Le cautionnement des Gouverneurs et Sous-Gouverneurs sera ultérieurement fixé.

Art. 18. Les Receveurs Généraux sont de droit Membres du conseil d'Administration; les fonctions des Membres du conseil d'Administration sont gratuites; ils reçoivent des jetons de présence, dont le Ministre des finances fixe la valeur.

Art. 19. La voix du président est prépondérante; le Conseil doit se réunir au moins trois fois par mois, plus souvent si la situation l'exige; toutes les convocations se feront à domicile par lettres closes et seront signées du Gouverneur.

Art. 20. Les délibérations du Conseil sont constatées par des procès-verbaux, dont le double, signé du Gouverneur, est envoyé au Ministère des finances.

Art. 21. Le Conseil délibère sur les affaires de la caisse, autres que celles réservées au gouverneur, notamment sur tous les traités, transactions, compromis, emplois de fonds, transferts de rentes sur l'Etat ou autres valeurs, achats de créances et autres droits incorporels appartenant à ses débiteurs, cession des mêmes droits avec ou sans garantie, main-levée d'opposition ou d'inscription hypothécaire même sans paiement, action judiciaire tant en demandant qu'en défendant.

Il donne son avis, s'il y a lieu, sur l'achat de biens-immeubles pour y établir le siége de la Caisse, au Ministre des finances.

Il autorise la vente aux enchères ou de gré à gré des biens débiteurs de la Caisse, ou leur échange.

Le Conseil délibère également sur les conditions générales des contrats, sur l'admission des demandes de prêts, la création des billets au porteur ou nominatifs.

Il examine et certifie conformes les comptes trimestriels et annuels, qui doivent être présentés par le Censeur aux Conseils généraux à l'époque de leur session, ceux envoyés à la Caisse Centrale pour l'exposé trimestriel des opérations générales de la Caisse d'Amortissement et ceux envoyés à la

Cour des Comptes, chargée par un examen attentif d'éviter toute erreur ou toute fraude.

## TITRE V.

## DES CENSEURS.

Art. 22. Les Censeurs sont au nombre de trois pour Paris, Lille, Lyon, Marseille et Bordeaux ;

D'un ou de deux, suivant l'importance de la caisse départementale.

Art. 23. Les Censeurs sont chargés de veiller à la stricte observation des statuts.

Ils assistent au conseil avec voix consultative.

Ils surveillent la création des billets au porteur ou nominatifs, leur émission, leur destruction, si une créance est libérée.

Ils examinent les inventaires et les comptes annuels, et présentent, à ce sujet, leurs observations au Conseil général du département et à la

Cour des Comptes ; les livres, la comptabilité et généralement toutes les écritures doivent leur être communiquées à toute réquisition.

Ils peuvent, à quelle époque que ce soit, vérifier la caisse et le portefeuille.

Ils sont obligés d'envoyer, chaque mois, un rapport détaillé sur les opérations de la succursale à laquelle ils sont attachés, à la caisse centrale, et un rapport pareil à la Cour des Comptes.

Chaque trimestre, ils font imprimer le bilan de leur succursale dans le journal le plus répandu du département.

ART. 24. Chaque caisse sera, de plus, soumise à l'examen des inspecteurs des finances.

## TITRE VI.

## DU PRÊT.

ART. 25. Conformément à l'art. 1er des présents statuts, la caisse fait des prêts hypothécaires de deux sortes : à échéance fixe ou avec amortissement.

Ces prêts seront faits soit en numéraire, soit en billets de banque au porteur.

Art. 26. La caisse ne prête aux propriétaires d'immeubles que sur première hypothèque, le tiers de la valeur reconnue du sol, le quart de la valeur intrinsèque de la propriété bâtie.

Sont considérés comme faits sur première hypothèque, les prêts au moyen desquels doivent être remboursées les créances déjà inscrites, lorsque par l'effet de ce remboursement ou de la subrogation opérée au profit de la caisse, son hypothèque vient en première ligne et sans concurrence.

Dans ce cas, la caisse conserve entre ses mains valeur suffisante pour opérer ce remboursement.

Art. 27. Lorsque la caisse juge qu'il y a lieu d'accomplir les formalités de la purge, il y est procédé, aux frais de l'emprunteur.

Tous les frais pour établir les titres de propriété et de radiation d'hypothèque, pour que la caisse soit en première hypothèque, sont également à la charge de l'emprunteur.

Art. 28. Ne sont pas admis au bénéfice des prêts faits par la Caisse d'amortissement :

1° Les théâtres ;

2° Les mines et carrières ;

3° Les immeubles indivis, si l'hypothèque n'est établie sur la totalité de ces immeubles du consentement de tous les copropriétaires ;

4° Ceux dont l'usufruit et la nu-propriété ne sont pas réunis, à moins du consentement de tous les ayants-droit à l'établissement de l'hypothèque.

Art. 29. La Caisse n'accepte pour gage que les propriétés d'un revenu durable et certain.

Art. 30. Le montant du prêt ne peut dépasser le tiers de la valeur de l'immeuble hypothéqué.

Les bâtiments des usines et fabriques ne sont estimés qu'en raison de leur valeur, indépendante de leur affectation industrielle.

Art. 31. Dans aucun cas, l'annuité au service de laquelle l'emprunteur s'engage, ne peut être supérieure au revenu total de la propriété.

Art. 32. Le taux de l'intérêt des sommes prêtées est fixé à 4 0/0. Le Conseil d'administration aura à fixer le chiffre des annuités, en cas de prêt avec amortissement. Des tables dressées à ce sujet, établiront ces derniers prêts d'une manière uniforme.

Art. 33. Les annuités sont payables par semestre : le 1er Janvier et le 1er Juillet.

Au moment du prêt, la Caisse retient sur le capital, l'intérêt applicable au temps à courir, jusqu'à la première échéance semestrielle.

Art. 34. Tout semestre non payé à l'échéance, porte intérêt de plein droit et sans mise en demeure, au profit de la Caisse, au taux de 5 0/0.

Il en est de même des frais de poursuites liquidés ou taxés, faits par la Caisse, pour arriver au recouvrement de ses créances, et ce à partir du jour où ils ont été avancés.

Art. 35. En outre, le défaut de paiement d'un semestre rend exigible la totalité de la dette, un mois après la mise en demeure.

Art. 36. Les débiteurs ont le droit de se libérer par anticipation, en tout ou en partie.

Les remboursements anticipés sont faits au choix du débiteur : en espèces, en titres aux porteurs ou en titres nominatifs, à la seule condition d'avertir la Caisse où le prêt a été souscrit, trois mois à l'avance.

Les fonds provenant des remboursements anticipés seront employés à faire de nouveaux prêts.

ART. 37. L'emprunteur est tenu de dénoncer à la Caisse qui a fait le prêt, dans le délai d'un mois, les aliénations totales ou partielles qu'il peut avoir faites.

A défaut de dénonciation de ces faits dans ce délai, la Caisse peut exiger de lui son remboursement intégral.

ART. 38. L'emprunteur, sous peine de demande de remboursement, doit, dans le délai sus-indiqué, dénoncer les détériorations de l'immeuble hypothéqué et tous les faits de nature, soit à en diminuer la valeur, soit à troubler sa possession, soit à porter atteinte à son droit de propriété.

ART. 39. La dette devient également exigible en cas de dissimulation par l'emprunteur des causés d'hypothèques légales, de résolution ou de rescision qui peuvent grever les biens hypothéqués à la Caisse.

Art. 40. Les propriétés susceptibles de périr par le feu, doivent être assurées contre l'incendie, aux frais de l'emprunteur, à moins que la Caisse n'ait pour gage de la même créance d'autres propriétés d'une valeur double de la somme prêtée, et non susceptibles d'incendie.

L'acte de prêt contient transport de l'indemnité en cas de sinistre.

L'assurance doit être maintenue pendant toute la durée du prêt.

La Caisse peut demander que l'assurance soit faite en son nom, et le montant des charges annuelles acquitté par ses mains.

Dans ce cas, le chiffre des annuités sera augmenté d'autant.

Art. 41. En cas de sinistre, l'indemnité est touchée directement par la Caisse.

Dans le délai d'un an, à partir du règlement du sinistre, le débiteur a la faculté de rétablir l'immeuble dans son état primitif.

Pendant ce temps, la Société conserve l'indemnité à titre de garantie, jusqu'à concurrence de ses droits calculés à l'expiration de l'année.

Après la reconstruction de l'immeuble, elle remet l'indemnité au débiteur, déduction faite de ce qui est exigible.

Si à l'expiration de l'année, le débiteur n'a pas usé du droit de rétablir l'immeuble incendié, et, si avant cette époque il a notifié son intention de ne pas en user, l'indemnité est définitivement acquise à la Société et imputée sur sa créance, comme payement fait par anticipation.

Art. 42. La Caisse, si elle juge que par l'effet du sinistre, ses suretés sont compromises, peut exiger le payement de ce qui lui reste dû.

Art. 43. L'estimation des biens offerts en garantie a lieu d'après les titres, baux et autres renseignements fournis par le propriétaire qui demande à contracter l'emprunt.

La Caisse a le droit, en outre, de faire procéder à une estimation par experts.

Dans tous les cas, l'estimation est faite sur la double base du revenu net et du prix vénal.

Les titres à produire par l'emprunteur à la direction du comptoir, et devant être examinés par le Conseil d'administration sont :

1° Les titres de propriété ;

2° Le bulletin du percepteur établissant l'impôt dont l'immeuble est grevé ;

3° Le bordereau des inscriptions hypothécaires qui frappent la propriété ;

4° Dans le cas où la propriété serait liquide, un certificat du bureau des hypothèques qui le constate ;

5° Les noms du département, arrondissement, canton et commune où se trouve la propriété ;

6° Les numéros de la matrice cadastrale sous lesquels elle est inscrite.

Ces divers détails seront écrits dans le contrat d'obligation donné à la caisse par l'emprunteur, si le prêt est accepté.

Art. 44. Tout acte de prêt est signé par le gouverneur et l'emprunteur, il énonce l'accomplissement de toutes les formalités, la remise des valeurs formant le montant du prêt, et la retenue faite jusqu'au point de départ semestriel des intérêts.

# TITRE VII.

## BILLETS AU PORTEUR.

**Art. 45.** La Caisse d'amortissement ne peut émettre de billets au porteur que pour un chiffre égal aux contrats d'obligation qu'elle possède, en vertu des prêts faits par elle à la propriété.

**Art. 46.** Ces billets non productifs d'intérêt, au porteur, véritable monnaie, ont la double garantie de l'immeuble hypothéqué pour le tiers de sa valeur au plus, et la garantie du comptoir.

L'Etat les reçoit en paiement des contribuables, et les donne en paiement à ses créanciers.

Ils peuvent être échangés à toute heure contre espèces.

Ils peuvent encore être échangés contre les titres nominatifs de la Caisse, portant intérêt entre les mains des titulaires, comme nous verrons ci-après, moyennant une prime pour frais de bureau, de timbre et de transfert, qui sera ultérieurement fixée.

**Art. 47.** Une fois le prêt consenti, et par

suite la Caisse en possession d'un contrat d'obligation, elle ne pourra le mobiliser que de la manière suivante :

1° Je suppose un prêt de dix mille francs fait par la succursale d'Orléans ;

2° Le notaire ne pourra délivrer de grosse que sur la demande signée du gouverneur et du conseil d'administration, laquelle demande devra toujours faire connaître si la susdite grosse doit être mobilisée en titres au porteur ou cédée sous forme de titre nominatif ;

3° La grosse ainsi délivrée sera envoyée à Paris à la Caisse centrale, où les registres-souches de tous les billets de banque sont déposés ;

4° Après examen de la grosse, sur l'ordre écrit des censeurs, dix billets de banque seront détachés des registres souches, signés par le gouverneur et expédiés au comptoir d'Orléans ;

5° Le gouverneur du comptoir d'Orléans frappera ces billets du timbre sec de sa succursale et les revêtira de sa griffe ;

6° Chaque billet portera la date fixe de son émission, le numéro d'ordre qu'il occupe dans l'émission autorisée par les chambres, et enfin au moyen du timbre sec, le nom du département où se trouve située la propriété qui lui sert de garantie;

7° Après l'émission, la souche restée à la Caisse centrale reproduira les mêmes indications que le billet de banque lui-même.

ART. 48. Ces billets seront reçus par la Caisse d'amortissement et donnés par elle, dans toutes transactions, comme monnaie courante.

ART. 49. Le Conseil d'administration de la Caisse centrale fixera, suivant les besoins de la circulation, la valeur des billets à émettre.

Dans aucun cas, pour l'émission du billet de banque au porteur, il ne pourra être fait de coupure inférieure à cent francs et supérieure à mille francs.

ART. 50. Les Chambres, sur la proposition du Ministre des finances, fixeront le chiffre de billets au porteur à mettre en circulation.

ART. 51. Ce chiffre atteint, les nouveaux prêts faits par la Caisse d'amortissement ou par les succursales, resteront comme valeurs dans le portefeuille de la Caisse et ne pourront en sortir que pour être livrés au capitaliste, sous forme de titres nominatifs.

# TITRE VIII.

## TITRES NOMINATIFS.

ART. 52. Conformément à l'art. 1<sup>er</sup> des présents statuts, tout prêt fait par la Caisse d'amortissement, dont la grosse n'a pas été envoyée à la direction centrale pour être mobilisée en billets au porteur, peut être cédé à tout capitaliste qui cherche un placement assuré.

ART. 53. Cette cession a lieu sous forme de billet nominatif. Ces billets :

1° Sont transmissibles par le transfert et l'endossement, comme tous les titres nominatifs des valeurs industrielles ;

2° Ils portent intérêt au taux de 3 0/0 entre les

mains du titulaire, qui peut les échanger à la Caisse à toute heure, contre espèces où billets au porteur, suivant ses besoins, en payant une prime, pour les frais de bureaux et de transfert, qui sera ultérieurement réglée;

3° Le titulaire peut les céder à un tiers, à la condition de prévenir la Caisse du transfert opéré, afin que ce transfert soit inscrit sur l'acte même, cédé à la Caisse d'Amortissement par l'emprunteur; parce qu'il est urgent, en cas de libération du prêt, que la Caisse sache toujours quel est le détenteur du titre nominatif;

4° Le titre nominatif, véritable contrat d'obligation, d'une valeur réelle et immédiate, avec la double garantie de l'immeuble hypothéqué et de la Caisse d'Amortissement, met le capitaliste au lieu et place d'un prêteur sur première hypothèque.

ART. 54. Le titulaire d'un titre nominatif peut toucher les intérêts de son argent à toutes les caisses de perception du département où se trouve la propriété qui lui sert de gage; les coupons d'intérêts payés par le Trésor seront remboursés à vue aux recettes générales par les succursales de la Caisse d'Amortissement de leur département.

ART. 55. En cas de remboursement du prêt, le porteur d'un titre nominatif sera toujours obligé de rapporter son titre à la Caisse, qui lui remettra :

1° Soit le solde en espèces ou billets au porteur,

2° Soit un titre nominatif de pareille somme.

ART. 56. Les titres nominatifs seront détachés des registres-souche et envoyés aux succursales de Paris et des départements, revêtus de la signature du gouverneur de la Caisse Centrale.

Chaque succursale devra pouvoir à toute heure justifier de l'emploi de ces titres :

A l'administration de la Caisse Centrale,

Aux censeurs,

Aux inspecteurs des finances.

En outre, tout transfert de titre nominatif aura besoin, avant de passer du portefeuille d'une caisse aux mains du capitaliste :

D'être frappé du timbre sec de la Caisse,

D'être revêtu de la griffe du gouverneur,

D'avoir la signature de trois membres au moins du conseil d'administration, certifiant que la minute est déposée en l'étude du notaire de la Caisse.

Art. 57. Il ne pourra être transféré aucun titre nominatif par coupure moindre de mille francs.

Art. 58. Les titulaires des titres nominatifs, en cas de crise qui suspendrait les transactions de la Caisse, pourront toujours s'adresser au propriétaire de l'immeuble grevé, tant pour les intérêts que pour le capital.

Art. 59. Tout titre nominatif portera le nom du département, de l'arrondissement, du canton et de la commune où se trouve la propriété qui lui sert de garantie, et les numéros de la matrice cadastrale sous lesquels elle est inscrite,

La date fixe de l'époque à laquelle le contrat d'obligation a été cédé à la Caisse,

L'époque de son échéance,

Les coupons d'intérêt à détacher chaque semestre.

# TITRE IX.

## DES LIBÉRATIONS.

**Art.** 60. Tout débiteur peut se libérer par anticipation. Toutefois, il devra prévenir la Caisse qui lui a fait le prêt, trois mois avant la fin du semestre, afin que le gouverneur puisse :

1° Si l'hypothèque a été cédée, faire rentrer le titre nominatif ;

2° Si l'hypothèque a été mobilisée en titres au porteur, faire rentrer un pareil chiffre de billets de son département, afin qu'ils soient frappés de suite de la mention *payée*, et renvoyés ainsi maculés à la Caisse centrale, où ils seront détruits avec la souche, par les soins des censeurs et du conseil d'administration.

**Art.** 61. Tout débiteur ayant libéré son titre recevra deux copies de sa quittance :

L'une qu'il gardera pour lui, comme pièce justificative de sa libération ;

L'autre qu'il enverra directement à Paris, en franchise, à l'administration centrale de la Caisse d'Amortissement, qui lui en accusera réception et lui renverra la grosse du prêt contracté par lui, sur le dépôt de laquelle les billets au porteur avaient été détachés du registre-souche.

Cette grosse sera quittancée et revêtue de la griffe du gouverneur de la Caisse Centrale. Par suite, pas de billets au porteur qui puissent rester dans la circulation, après le solde du contrat d'obligation qui servait de garantie.

Toutes ces mesures sont prises afin que le propriétaire d'un billet au porteur soit toujours assuré que ce billet est un véritable titre hypothécaire.

ART. 62. En remplacement des billets détruits, afin que le chiffre d'émission des billets au porteur s'élève toujours à la somme autorisée, la Caisse Centrale pourra demander à la succursale qui lui a renvoyé les billets payés, une nouvelle grosse de son portefeuille, pour la mobiliser en billets au porteur, qui prendront dès lors dans l'émission, le même numéro d'ordre que les billets détruits.

ART. 63. La même hypothèque ne pouvant

servir de garantie à des billets au porteur et à des titres nominatifs, le notaire ne pourra délivrer de grosse de l'acte passé entre la Caisse et l'emprunteur, que sur la demande du gouverneur, signée par le conseil d'administration.

Cette demande devra être explicite et faire connaître si c'est pour mobiliser la susdite grosse en titres au porteur ou pour la céder en titres nominatifs à un tiers.

Le notaire devra, en tête de la grosse, recopier la demande signée du gouverneur et du conseil d'administration.

L'original de la demande sera joint à la minute elle-même.

Le notaire devra, sur un registre particulier, en tenir bonne note.

ART. 64. Les gouverneurs, sous-gouverneurs et censeurs sont responsables de toute émission frauduleuse ; ils pourront être punis comme coupables de faux en écriture privée, si un seul contrat d'obligation accepté par la caisse, était employé comme garantie d'une double émission en titres nominatifs et billets au porteur.

# TITRE X.

## INVENTAIRE.

ART. 65. Toute succursale fera, une fois l'an, son inventaire qui sera envoyé à la Caisse Centrale avant la fin de janvier.

ART. 66. La Caisse Centrale publiera annuellement, avant la fin de février, l'inventaire général de la Caisse d'Amortissement.

# TITRE XI.

## EMPLOI DES BÉNÉFICES.

ART. 67. Les bénéfices annuels de la Caisse d'Amortissement seront employés en entier à faire de nouveaux prêts à la propriété :

Conformément au titre I$^{er}$, art. 2, à faire des avances à l'Etat sur bons du Trésor, ou par compte courant, mais toujours remboursables suivant ses besoins.

Conformément au titre I<sup>er</sup>, art. 3 , à ouvrir des comptes courants à la Banque de France ;

Conformément au titre I<sup>er</sup>, art. 4 , à prêter sur dépôt de matières d'or et d'argent, ou sur dépôt de titres de rentes et valeurs industrielles, mais à trois mois d'échéance au plus.

## TITRE XII.

## LIQUIDATION.

Art. 68. La Caisse d'Amortissement sera liquidée quand elle restera sans objet, c'est-à-dire le jour où, par ses bénéfices accumulés, elle balancera le chiffre de la dette publique.

Art. 69. Il sera établi ce jour-là une juste appréciation du prix de la rente et des valeurs nominatives de la Caisse, afin de payer les Créanciers de l'Etat en valeurs nominatives.

Toutefois si les porteurs de rente, habitués aux valeurs de bourse, refusaient les titres nominatifs de la Caisse d'une valeur fixe, la Caisse attendrait les échéances des divers contrats d'obligation restés sa propriété et rachèterait les rentes qui resteraient inscrites au grand livre, soit au-dessous du pair, soit au pair ,

Usant d'un droit que nul ne peut contester à l'Etat.

## TITRE XIII.

## OPÉRATIONS INTERDITES.

ART. 70. La Caisse d'Amortissement doit tendre sans cesse à capitaliser ses revenus ; elle ne pourra employer son capital ou ses bénéfices à remplir les vides du budget, ou à des opérations autres que celles désignées dans les présents statuts.

# EXPLICATION

## DES STATUTS.

---

### TITRE I<sup>er</sup>.

J'ai apporté à la rédaction de mes statuts toute la clarté, toute la précision possibles; cependant il me semble indispensable d'expliquer les motifs que m'ont inspiré les garanties sévères de contrôle que j'ai accumulées et les résultats, qui, dans la pratique, doivent naturellement découler de mon système.

Mon but, c'est de doter la Caisse d'Amortissement d'un revenu puissant, qui permette à l'Etat, à un moment donné, soit d'offrir des titres nominatifs, véritables contrats d'obligation, aux porteurs des titres de rente, et de se libérer ainsi vis-à-vis d'eux; soit, dans le cas où les porteurs refuseraient ces valeurs, sans chance de hausse ni de baisse, d'en employer le solde après échéance, aux rachats des rentes que la Caisse d'Amortissement est toujours libre de faire au-dessous du pair, et que le Gouvernement s'est réservé de pouvoir rembourser au pair, quelle que soit leur valeur à la Bourse.

J'ai déjà démontré que la consolidation des sommes dues par le budget à la Caisse d'Amortissement, n'était autre chose qu'un emprunt déguisé; que les annulations des rentes transférées ou provenant des rachats étaient la première cause des faibles résultats obtenus par la Caisse de 1816.

La consolidation ayant pour but l'inscription d'une rente, et l'annulation sa radiation, il est évident qu'il eût été plus simple de suspendre la dotation annuelle de l'Amortissement, qu'il y eût eu économie d'écritures et d'employés.

Dans tous les cas, que les titres de rentes de la Caisse lui viennent de sa dotation ou des rachats faits par elle, l'annulation de cent millions en capital équivaut pour le Trésor à un revenu de cinq millions environ disponibles, et dès-lors la Caisse, privée des arrérages des rentes amorties, n'est autre chose qu'un supplément du budget des recettes.

Mon système n'aurait pas de raison d'être, si les bénéfices devaient servir à combler les déficits annuels du Trésor.

Il serait impuissant à sauvegarder l'avenir, et, comme la Caisse d'Amortissement de 1816, frappée de stérilité par la loi du 1er mai 1825 ; au lieu de ramener la confiance par la certitude du paiement de la dette publique, il ne serait plus qu'une odieuse mesure fiscale, qu'un impôt déguisé sous le prétexte moral de favoriser l'agriculture, d'alléger le fardeau qui pèse sur elle.

En un mot, au lieu de diminuer le budget par l'extinction de la rente, il serait, comme l'a été la

Caisse de 1816, un excitant aux folles dépenses.

Ainsi désormais, pour la nouvelle Caisse d'Amortissement, comme pour l'ancienne, je ne veux dans l'avenir : *ni consolidation, ni annulation de rentes.*

Là est la condition première du succès, la seule garantie d'une prospérité sans exemple.

C'est par la capitalisation de mes bénéfices que j'arrive à la liquidation de la dette ; il fallait donc donner à mes revenus une destination fixe, sauvegarder mon système de tous les entraînements des situations difficiles, rendre impossible toute annulation qui pourrait le priver de tout ou partie de ses ressources, enlever à un ministre des finances ( si par hasard il s'en trouvait un inhabile ou poussant aux dépenses ) la possibilité de faire dévier de son but la nouvelle Caisse d'Amortissement ; c'est ce que j'ai fait, fort de cette double pensée d'apporter à la propriété un perpétuel dégrèvement, à l'État un perpétuel bénéfice.

J'ai dû établir une différence entre la propriété bâtie et le sol, parce que la première ne saurait offrir les mêmes garanties que la seconde ; parce que divers motifs, qu'il est inutile d'énumérer, peuvent amener pour elle d'irréparables désastres dont la propriété foncière est à l'abri.

Parce qu'en raison des revenus supérieurs qu'elle donne, elle est dans une situation moins intéressante, moins grevée.

Parce que la maison, c'est souvent plus que le nécessaire, c'est le luxe, et que la terre, c'est la source la plus active de la richesse nationale.

C'est elle que j'ai voulu favoriser avant toute chose, parce que la production à bas prix des objets de première nécessité crée pour la majeure partie de la nation une vie plus facile et meilleure.

C'est sur ces données que je me suis appuyé, pour prêter au cultivateur le tiers de la valeur de son fonds, et le quart seulement aux propriétaires de maisons.

Ces dispositions, du reste, ne sont destinées qu'à servir de base aux discussions qui auront lieu pour fixer à quelle limite le prêt doit s'arrêter.

Il m'était impossible d'expliquer ma pensée, d'en faire comprendre l'application et les immenses résultats comme bénéfices; en un mot, de passer de la théorie à la pratique sans fixer et le chiffre du prêt à faire à la propriété foncière ou à la propriété bâtie, et le taux d'intérêt de l'argent que je prête, et le chiffre d'émission de mes billets au porteur.

C'est aux Chambres seules qu'il appartiendra de rectifier mes appréciations, si elles ont quelque chose d'erroné.

Ceci expliqué, je maintiens mes chiffres, et c'est sur ces premières bases que je vais fonctionner, sans me préoccuper des critiques qui, à tort ou à raison, peuvent m'être adressées, sauf à discuter plus tard les objections qui m'auront paru sérieuses.

La Caisse d'amortissement, d'après la loi du 10 juin 1833, reçoit de l'État sa dotation et les arrérages des rentes transférées, en bons du Trésor, productifs d'intérêts, mais remboursables à la caisse aussitôt qu'elle peut fonctionner, c'est-à-dire aussitôt que les rentes sont au-dessous du pair; suivant les mêmes errements, j'ai voulu que la nouvelle caisse pût ouvrir un compte à l'État, dans la double pensée :

1° D'être utile au pays en acceptant les bons du Trésor dans les circonstances impérieuses, où le budget des recettes est en retard sur celui des dépenses;

2° De créer, pour mes bénéfices inactifs, un placement sûr, productif d'intérêts et à courte échéance, puisque le Trésor est toujours obligé de rembourser à la Caisse, suivant ses besoins, les avances faites par elle (titre I$^{er}$ art. 2.)

Le compte courant ouvert à la Banque de France n'a pas pour but d'établir des relations commerciales; toute opération de ce genre nous est formellement interdite; c'est une main loyale et sûre tendue à notre premier établissement financier pour lui aider à traverser toute crise, pour préserver le commerce de ces élévations excessives de l'escompte, qui ont si souvent paralysé les affaires; enfin, pour éviter à la Banque de France les reproches qu'on lui adresse de ne pouvoir répondre à une demande générale de remboursement de ses billets, qui, par une suspension de paiement, ont le cours forcé.

Autorisée à émettre pour un milliard deux cent

millions de billets au porteur, en ayant en circulation, dès le mois de mars dernier, pour une somme de 838 millions, chiffre qui s'est encore augmenté, il est évident que la Banque est obligée de préserver son encaisse à tout prix.

Cette question a été longuement développée, cette émission exagérée vivement critiquée déjà.

La nouvelle Caisse d'amortissement, en partageant avec la Banque de France le privilége d'émettre des billets au porteur, ramène l'émission des billets de Banque à un chiffre normal et fait disparaître un des plus grands périls de sa situation actuelle.

Elle donne à la Banque de France outre la garantie du numéraire entassé dans ses caves et celle de son portefeuille, une garantie territoriale.

Elle reçoit dans toute crise les billets de la Banque de France, qu'elle échange contre espèces, contre ses propres billets, ou contre titres nominatifs.

Ainsi protégée, ainsi fortifiée, la Banque de France n'est plus obligée de trembler parce que quelques millions de plus sortent de ses caves ; désormais ses billets ont une base de crédit toute nouvelle : le sol.

Aujourd'hui, le billet de Banque n'a de garantie que dans le remboursement, et c'est cette crainte qui, au moindre événement, ébranle notre commerce par la cherté du numéraire ; demain, avec l'application de mon système, la crainte du remboursement disparaît, le billet de la Banque de France acquiert la valeur intrinsèque qui lui manque et participe à la confiance qu'inspire le contrat d'obligation sur première hypothèque.

Par suite, les crises trop fréquentes, les variations subites de l'escompte, le cours forcé, tout ce hideux bagage disparaît avec les causes qui lui servaient d'excuse, qui le légitimaient.

Est-ce donc si peu de chose?... si l'on réfléchit aux catastrophes commerciales provoquées par l'exagération de l'escompte... si l'on réfléchit que le gouvernement, en donnant cours forcé aux billets de la Banque de France, engage lui-même sa garantie et se fait responsable du remboursement vis-à-vis des détenteurs?

Voilà le bien que j'ai voulu faire. Ai-je réussi ?...

Pas de dépôts avec ou sans intérêts. Qu'en ferais-je ? Ce serait, sans aucun bénéfice, me créer des difficultés de remboursement.

Mon capital me suffit pour toute opération de prêt, pour toute émission de billets au porteur, puisque, sans l'ébrécher d'un centime, je pourrais prêter à la propriété une somme indéfinie, si je n'avais à me préoccuper de la perturbation que jetterait dans les affaires une émission trop considérable de ces nouveaux billets de banque.

Quant à mes titres nominatifs, ils sont une valeur de portefeuille à long terme, recherchée comme placement sûr par les capitalistes, mais ne pouvant servir à rembourser un dépôt, monnaie courante, exigible à toute heure, et que, par suite, je ne puis utiliser aux opérations autorisées par mes statuts.

Tout dépôt devrait donc être immobilisé dans mes caisses, c'est-à-dire rester entre mes mains une valeur improductive !... Pourquoi, dès lors, en prendrais-je la responsabilité ?

J'ai voulu que la nouvelle Caisse d'Amortissement fût toujours créancière, qu'elle ne dût
jamais rien à personne, afin que son crédit fût
inébranlable.

J'ai voulu que sa seule charge fût de servir les
intérêts des grosses des contrats d'obligation cédés
par elle sous forme de titres nominatifs, mais
recevant 4 0/0 de l'emprunteur et ne donnant
que 3 0/0 au capitaliste; cette charge elle-
même constitue un chiffre assez considérable dans
ses bénéfices.

## TITRES II, III, IV.

Au milieu de ce débordement de titres de toute
nature, qui doivent tôt ou tard amener de si cruels
mécomptes, et que nous voyons dans notre siècle
fécond en sinistres, s'engloutir tour à tour dans les
abîmes de la banqueroute, j'avais à sauvegarder
mon institution de toute comparaison avec le papier monnaie de nos époques révolutionnaires, à
amener à elle la confiance la plus illimitée.

J'avais à démontrer qu'il n'existait pour elle aucune chance de perte.

J'avais à la préserver de tout abus, de toute fraude; à l'entourer d'un contrôle incessant et multiple, d'une publicité complète, afin d'éviter jusqu'à la pensée d'une double émission de titres.

J'avais à la sauver non—seulement de la possibilité d'un abus, mais des soupçons d'une opposition hostile, que tout gouvernement, quel qu'il soit, rencontrera toujours en face de lui.

Bonne dans ses résultats théoriques, j'avais en un mot à la rendre pratique.

Examinons donc le rouage de son administration pour être assuré que le but est complètement atteint.

La nouvelle Caisse d'Amortissement ne doit fonctionner qu'après la réalisation de son capital et l'organisation complète de ses succursales.

Ma caisse centrale n'est autre chose qu'un pouvoir directeur, surveillant la marche des caisses actives, ne leur délivrant de titres au porteur qu'après avoir reçu et accepté la grosse des prêts faits par chacune d'elles; ne leur délivrant de titres nominatifs, qu'en les débitant des coupons envoyés et dont l'emploi doit être justifié par rapport signé du gouverneur et du conseil d'administration de chaque succursale.

Ainsi, la caisse qui fait le prêt n'a à sa disposition ni billets au porteur, ni titres nominatifs... Les uns et les autres sont déposés à la caisse centrale et ne sont détachés des registres souches que sur l'ordre écrit des censeurs, après que la grosse du prêt a été examinée et acceptée par le gouverneur et le conseil d'administration de la caisse centrale.

J'ai voulu éviter que chaque succursale pût battre monnaie ; j'ai voulu qu'il fût facile de vérifier à toute heure, si le chiffre des billets détachés de la souche était en rapport avec les prêts consentis sur toute la surface de la France et de valeur égale aux grosses déposées à la caisse centrale.

La caisse centrale seule possède dans ses caves le capital de la nouvelle institution, capital qu'elle distribue aux succursales, suivant leur importance, suivant les demandes de prêt qui leur sont adressées. Pas d'erreur possible ; chaque succursale, débitée des sommes reçues par elle, doit avoir dans sa caisse ou dans son portefeuille une somme égale, plus les bénéfices de ses diverses opérations.

En cas de paiement anticipé ou venu à échéance, chaque succursale est obligée de donner à l'emprunteur libéré une double quittance, et de renvoyer à la caisse centrale, frappés de la mention *payé*, un chiffre de billets au porteur émis par elle, égal à celui de la dette libérée.

En cas de négligence, la direction de la caisse centrale qui a reçu une des quittances délivrées, doit réclamer les billets à la succursale et empêcher ainsi que des billets sans garantie restent dans la circulation. Toute négligence à ce sujet serait la destitution du gouverneur de la succursale. Pas d'erreur possible ; la vérification est trop facile. La caisse centrale étant obligée de restituer la grosse à l'emprunteur libéré, il est évident que le chiffre des grosses deposées serait inférieur à celui des billets détachés des registres souches.

La caisse centrale seule peut ouvrir au Trésor

un compte courant, même à découvert, mais toujours exigible suivant ses besoins, qui sont déter-
minés par le chiffre des opérations faites par les
succursales.

Elle seule peut accepter de l'État des bons du
Trésor productifs d'intérêt et remboursables par
trimestre.

Si dans l'avenir les succursales ne trouvaient
pas à placer sur contrat d'obligation leurs bénéfices accumulés (éventualité à peu près sûre), c'est
la caisse centrale qui, pour éviter une perte
d'intérêts, est chargée de les employer en achats
de rentes, sous la clause de ne jamais racheter
qu'au-dessous du pair.

La condition essentielle de prospérité de la
nouvelle caisse est, qu'à dater du moment où ces
rentes lui sont transférées, l'État lui en serve
religieusement les intérêts, comme si elles étaient
dans la circulation active, parce que (je ne saurais trop le répéter) toute consolidation est un
emprunt nouveau, qui laisse la porte ouverte
aux dépenses exagérées ; que toute annulation
détruit les ressources de l'avenir et fait de la

Caisse d'Amortissement une réserve du budget.

La caisse centrale reçoit du censeur de chaque succursale un rapport mensuel sur toutes les opérations faites; de telle sorte que le bilan trimestriel envoyé par le gouverneur est déjà connu en détail à la caisse centrale.

Les censeurs de la caisse centrale doivent remettre tous les mois un rapport écrit et détaillé à la cour des comptes, tant sur les opérations faites entre la caisse centrale et les succursales, qu'entre la caisse centrale et le Trésor. Ils doivent fournir à la commission du Corps législatif nommée *ad hoc*, tous les renseignements qui peuvent faciliter son contrôle.

L'institution du conseil d'administration est le complément de tant de garanties.

Les caisses actives, les caisses prêtant à la propriété, ne peuvent donc sortir des limites tracées; d'après ce qui précède, elles sont placées sous une tutelle salutaire qui enlève jusqu'à la pensée de la fraude! Elles ont, de plus, un gouverneur responsable :

1° Par le traitement ;

2° Par le cautionnement, qui sera ultérieurement fixé ;

3° Par une pénalité sévère.

Il est inutile que j'insiste sur les attributions du conseil d'administration : elles sont largement définies dans l'art. 24 du titre IV. Composé partout d'hommes éminents par leur mérite et leur fortune personnelle, il est évident que les membres des conseils d'administration seraient les premières victimes de toute condescendance coupable, si elle pouvait se produire.

Enfin, dans chaque succursale, les censeurs sont tenus d'envoyer tous les mois à la cour des comptes, un double du rapport envoyé à la caisse centrale, renfermant tous les détails des opérations faites par la succursale à laquelle ils sont attachés.

Ils doivent fournir tous renseignements au Conseil général de leur département.

Ils sont tenus de faire imprimer dans les principaux journaux de la localité le bilan trimestriel avant qu'il soit adressé à la caisse centrale. Cette dernière close est d'une grande utilité, parce que la collection des divers journaux peut être un mode facile d'investigation ; l'addition de ces bilans partiels devant être conforme au bilan général. .

La possibilité d'analyser en détail les opérations de la nouvelle institution, la lumière répandue à dessein sur ses opérations diverses, doivent rapidement amener à elle la confiance et le crédit.

Obligé, pour résoudre certaines objections, d'analyser encore une fois toutes les garanties accumulées dans mes statuts, le contrôle sévère et incessant auquel mon institution est soumise, afin que l'État n'ait jamais assez de puissance pour la faire dévier de son but, soit ouvertement, soit par fraude, je n'insisterai pour le moment ni sur l'impossibilité de tromper une surveillance active, ni sur le grand jour qui résulte des discussions des Conseils généraux, des débats des Chambres et des libres appréciations de la presse.

## TITRE VI.

C'est aux statuts du Crédit Foncier actuellement existant, que j'ai pris presque en entier le titre VI de mon institution, fixant les conditions du prêt; comme ces conditions sont le résultat d'un travail sérieux et parfaitement connu, il est inutile d'y ajouter aucun développement nouveau.

J'arrive à l'idée productive de mon système, à ma double émission de titres :

1° Titres au porteur, non productifs d'intérêt;

2° Titres nominatifs, donnant au titulaire un intérêt de 3 0/0.

Je vais en expliquer le mécanisme, d'une pratique si simple.

## TITRE VII.

Mon billet au porteur, pour être reçu comme espèces, doit inspirer toute confiance.

Il faut que chacun soit sûr que ce billet a une valeur intrinsèque, représentée par un contrat d'obligation déposé dans l'étude du notaire de la succursale qui a fait le prêt.

Il faut que chacun soit convaincu que la grosse mobilisée de cette minute ne l'a été que pour une somme égale au chiffre des billets au porteur émis.

Il faut que chacun sache bien que tout prêt n'est fait que pour le tiers au plus de la valeur réelle de l'immeuble qui lui sert de gage ; en d'autres termes, que chaque billet de mille francs est la fraction mobilisée d'un contrat d'obligation, garanti par une valeur immobilière qui lui est trois fois supérieure.

Enfin, que toute émission frauduleuse essayée, soit par l'État, soit par la caisse centrale, soit par une succursale, est une chose matériellement impossible.

Je crois avoir détruit toute cause de méfiance ; je crois n'avoir laissé dans mes statuts aucune porte ouverte, je ne dirai pas à la fraude, mais à la malveillance elle-même. Du reste, malgré la dé-monstration complète que j'en donnerai plus tard, je ne saurais trop insister à ce sujet.

La caisse centrale, recevant la grosse d'un prêt fait par une succursale, examine si cette grosse est régulière, et pour cela, il faut qu'elle réunisse deux conditions :

1° Que le prêt soit fait suivant les prescriptions mentionnées titre VI;

2° Que la demande d'expédition de la grosse faite au notaire, signée par le gouverneur et le conseil d'administration de la succursale qui a fait le prêt, soit inscrite en tête de la grosse délivrée, et fasse connaître si l'expédition en a été faite pour être mobilisée en titres au porteur ou cédée par le transfert comme titre nominatif.

Trouvée régulière par le gouverneur et le conseil d'administration de la caisse centrale, sur l'ordre écrit des censeurs, il est détaché des registres souches une somme de billets au porteur égale à la valeur de la grosse reçue; ces billets sont signés par le gouverneur de la caisse centrale.

Après ces premières formalités, ils sont envoyés à la succursale qui a fait le prêt, revêtus de la griffe de son gouverneur et frappés du timbre sec. Cette dernière opération fait connaître le nom du département où se trouve la caisse qui les a mis en circulation, et par suite, la propriété qui leur sert de gage.

Dès lors ils réunissent toutes les garanties exigées, sont acceptés comme numéraire à toutes les caisses de l'État et donnés en paiement par l'État lui-même à ses créanciers.

Ils circulent avec la triple garantie : de la propriété qui leur sert de gage, de la Caisse d'amortissement, de l'État, qui en assurent le remboursement à présentation.

La Caisse d'amortissement les prend et les donne comme espèces....

Quelles sont les conséquences de cette création nouvelle, mobilisation d'une valeur qui est aujourd'hui une lettre morte?... — Les voici :

Ma Caisse d'amortissement est complètement organisée ; chaque succursale vient de recevoir son capital. Examinons le système dès qu'il fonctionne, dès sa première opération.

Paul s'adresse à la succursale de son département, celle d'Orléans, par exemple :

Sa demande d'un prêt de dix mille francs est acceptée ; il offre toutes les garanties exigées ; un acte est passé entre lui et le gouverneur, c'est un contrat d'obligation, constatant que toutes les formalités ont été remplies.

Paul reçoit de la caisse d'Orléans dix mille francs espèces, remet un contrat d'obligation de pareille somme en première hypothèque et devient son débiteur d'un intérêt annuel de 400 francs, au taux de 4 0/0.

Le gouverneur et le conseil d'administration demandent au notaire de leur délivrer une grosse de ce contrat d'obligation ; cette grosse est expédiée à la caisse centrale : suivant le mode déjà indiqué, dix mille francs en billets au porteur[*] sont détachés des registres souches et envoyés à la caisse d'Orléans. Le gouverneur de la caisse d'Orléans les frappe du timbre sec de sa succursale, les revêt de sa griffe et attend une seconde opération.

Quels sont les résultats acquis ?

La caisse d'Orléans a donné dix mille francs en espèces et les a remplacés par dix mille francs en billets de banque ; son encaisse est donc le même. Elle a prêté dix mille francs sans bourse délier, et

---

[*] N'oublions jamais que mes titres nominatifs seuls portent intérêt à 3 0/0, que mes billets au porteur sont de vrais billets de banque, non productifs d'intérêt, en un mot de la monnaie de circulation.

les intérêts qui lui sont servis par son débiteur constituent le bénéfice net de sa première opération.

La caisse payant indifféremment en billets ou en espèces, comme le fait la Banque de France, donne, si cela lui convient, au second emprunteur de dix mille francs, les billets qui sont le résultat de la mobilisation du premier prêt.

Elle reçoit de lui un intérêt annuel et un second contrat d'obligation.

Ce second contrat mobilisé fournit à la caisse d'Orléans un capital en billets de banque pour prêter à un troisième.

Le contrat d'obligation cédé par le troisième, lui fournit, après mobilisation, des billets au porteur pour prêter à un quatrième, et chaque opération a laissé à la caisse d'Orléans, comme bénéfices, les intérêts de la somme prêtée.

De telle sorte que, si je renouvelle dix fois, cent fois, mon capital par des prêts successifs, les bénéfices iront grandissant dans des proportions formidables.

Ce qui est vrai après ma première opération,

est vrai après la dernière. Quand j'ai prêté deux milliards à la propriété au taux de 4 0/0, mon capital primitif existe tout entier dans mes caisses, en espèces ou en billets au porteur, et j'ai néanmoins réalisé, par la mobilisation des contrats d'obligation qui m'ont été remis, quatre-vingt millions de bénéfices annuels.

Il est évident que si, après chaque prêt, je mobilisais la grosse du contrat d'obligation qui est ma propriété, j'absorberais bientôt en entier les intérêts de la dette hypothécaire, en attendant qu'avec ces intérêts accumulés, j'absorbe le capital lui-même. Mais, je l'ai déjà dit, une émission indéfinie de titres au porteur aurait pour résultat infaillible d'encombrer le marché, de déprécier la valeur de l'argent d'une manière subite et excessive.

Le chiffre de deux milliards, en face de la pénurie de capitaux dans nos campagnes et de la masse de titres vendus à la Bourse, et qui vont chaque jour se multipliant, m'a paru suffisant, mais nécessaire pour faire face à tous les besoins de cette double situation.

Il reste donc établi :

Qu'une émission de deux milliards de titres au porteur, nouveaux billets de banque non productifs d'intérêt, donne à la Caisse d'amortissement un bénéfice net de 80 millions.

Qu'après avoir ainsi prêté deux milliards à la propriété, la Caisse d'amortissement possède dans ses caisses, intacts comme avant toute opération, les trois cents millions de son capital primitif, représentés par des espèces ou des billets au porteur.

## TITRE VIII.

Si les Chambres ont fixé à deux milliards l'émission autorisée de mes billets au porteur, je ne puis dépasser ce chiffre, mais je puis prêter encore, puisque mon capital est entièrement disponible.

Je suis désormais dans la position du capitaliste qui place sur hypothèque, c'est-à-dire que chaque prêt fait par moi me procure un revenu de mon capital et grossit mon portefeuille d'un contrat d'obligation.

Seulement, pour remédier aux difficultés de cession qui font redouter au prêteur d'engager son argent dans une opération à longue échéance, je joins à la grosse du contrat un titre nominatif, qui le rend transmissible par le transfert et l'endossement, comme tous les titres nominatifs des valeurs industrielles, de telle sorte que l'immobilisation cesse pour le contrat d'obligation lui-même.

Désormais, pas de capitaliste qui garde un numéraire improductif, puisque la Caisse d'amortissement lui offre un placement sur première hypothèque, qui ne représente que le tiers au plus de la valeur du gage.

Il n'a pas à s'occuper des frais de cession, ils sont réglés par le droit fixe que l'État prélève sur les titres nominatifs journellement vendus à la Bourse, c'est-à-dire réduits à des proportions insignifiantes.

Il n'a pas à s'occuper de l'échéance, puisque le jour où il aura besoin de son capital, il lui sera facile de céder son titre au premier venu, sans autre formalité que de prévenir la caisse de son

département du transfert, avec les noms, prénoms
et domicile du nouveau titulaire; et que, dans le
cas où il ne trouverait pas à le placer autour de
lui, il peut le transférer à la succursale elle-
même et l'échanger contre espèces ou billets au
porteur.

Tous les systèmes qui ont eu pour base la propriété immobilière ont échoué :

Soit par l'immobilisation des capitaux ;

Soit par l'émission de titres portant intérêt,
qui, n'ayant pas avec eux une garantie réelle,
ont subi de suite une dépréciation ;

Soit par la prétention de vouloir remplacer le
numéraire, dans les transactions journalières,
avec des titres productifs d'intérêt ;

Soit enfin parce que le chiffre indéfini de leur
émission encombrait le marché et offrait le double
danger d'une ruine facile, pour le propriétaire et
d'un discrédit pour le papier lui-même.

Mes billets au porteur, d'une valeur fixe, acceptés et donnés par l'État, ayant dans le sol trois
capitaux de garantie pour un d'émission, font une
large part à la propriété obérée, et détruisent

d'autant plus la pensée d'une immobilisation, que les bénéfices qu'ils donnent à la caisse sont une source à laquelle l'hypothèque ira puiser sans cesse pour se libérer.

Les dangers d'une ruine facile ne sauraient exister; le propriétaire ne peut capricieusement jeter, sous forme d'un titre quelconque, sa chose en circulation, parce que la Caisse d'amortissement a su entourer le prêt de garanties sérieuses contre tout abus.

Pas de discrédit à redouter pour le papier; pas d'encombrement à craindre sur le marché; c'est aux délibérations des Chambres, sur le rapport du Ministre des finances, qu'est remis le droit de limiter le chiffre d'émission des billets au porteur, chiffre qui sera fixé sur les besoins reconnus de la propriété et des transactions commerciales et industrielles.

Quant à mes titres nominatifs, ils ne ressemblent en rien aux diverses obligations émises; ils sont joints à la grosse du contrat d'obligation, portent les mêmes désignations que la grosse elle-même, ont des coupons d'intérêts payables à toutes les caisses de l'État, et servent, par un simple transfert, à la cession de l'hypothèque.

Mes titres nominatifs ne sont pas une valeur imposée, c'est une valeur offerte aux capitaux inactifs, et comme c'est une valeur sûre, sans aucune chance aléatoire, j'ai eu le droit de réduire à 3 0/0 les intérêts qu'elle rapporte.

On a beaucoup discuté sur le droit de prélever un intérêt d'un capital; il est évident que, si une raison légitime ce droit, c'est le danger que court le prêteur de perdre le capital lui-même.

Rien de pareil ne saurait être prévu; pas une éventualité de perte n'existe!... Si une catastrophe générale survenait, le pire qui pût arriver au titulaire d'un titre nominatif serait, si la Caisse d'amortissement étant emportée dans ce déluge universel (chose impossible), de s'adresser au débiteur lui-même; et, dès lors, la caisse n'étant plus là comme intermédiaire, au lieu de 3 0/0, le capitaliste toucherait 4 0/0 d'intérêts. Sa nouvelle position n'aurait donc rien de bien alarmant.

La Caisse d'amortissement fait un appel aux capitaux, en leur offrant un débouché nouveau, mais son bénéfice sur la cession d'un contrat d'obligation n'est pas assez important pour désirer un mouvement très-actif qui renouvelle son capital par le transfert.

En effet, chaque prêt lui donnant un intérêt de 4 0/0, servant elle-même 3 0/0 au titulaire du titre transféré, son bénéfice se réduit à 1 0/0, et le roulement ne saurait être assez puissant pour constituer un résultat sérieux.

Supposons pour un instant que ce bénéfice arrive seulement à payer le chiffre des frais annuels de la caisse, il restera comme résultat général :

1° Intérêts à 4 0/0 de l'émission de deux milliards de titres au porteur. . . 80,000,000

2° Intérêt à 4 0/0 du capital primitif de la caisse. . . . . . 12,000,000

Total. . . 92,000,000

Si, pour faire face aux frais généraux de la caisse, je joins deux millions aux bénéfices que le transfert doit donner; afin d'établir mes calculs sur des chiffres irréfutables, je puis d'ores et déjà compter sur une dotation annuelle de quatre-vingt-dix millions nets , estimation qui sera évidemment dépassée.

Ma pensée est désormais réalisée : avec mes bénéfices de chaque jour , je fais à la propriété de nouveaux prêts , j'enrichis mon portefeuille de nouveaux contrats d'obligation et j'arrive en capitalisant intérêts et bénéfices, à un moment où les titres nominatifs acquis en toute propriété à la Caisse d'amortissement , balanceront la dette du grand livre.

La marche de l'institution est lente, mais elle atteint le but en toute sécurité; rien ne peut la faire dévier de la ligne tracée.

Le titre IX , qui traite des libérations, n'a nul besoin de commentaires.

Les titres suivants sont déjà analysés.

Ainsi , deux grands faits ressortent de mon système :

1° Possibilité de prêter au cultivateur deux milliards à 4 0/0 ;

2° Création d'une nouvelle Caisse d'amortissement , dotée d'un revenu annuel de quatre-vingt-dix millions , se capitalisant sans cesse , et pouvant produire en trente ans plus de cinq milliards ;

Résultats obtenus sans grever le pays d'un nouvel impôt ou d'un nouvel emprunt, sans dépense nouvelle pour le Trésor, en utilisant une valeur réelle, mais qui est encore une lettre morte.

A côté de mon système, que le gouvernement laisse fonctionner la caisse de 1816 ; qu'il donne suite à la pensée qui a paru le préoccuper, quand il a présenté aux Chambres le budget de 1859 ; qu'il réalise ce qu'a promis M. Billaut dans son discours si remarquable, en mars 1862.

En d'autres termes, que la loi qui suspend la dotation de la Caisse d'amortissement soit abrogée, que le Trésor lui restitue ses ressources annuelles ; que l'État, revenant sur les fatales dispositions de la loi du 1er mai 1825, considère les rentes transférées à la Caisse d'amortissement comme des rentes actives, qu'il s'interdise toute consolidation, toute annulation...

Et, je ne crains pas de l'affirmer, dans vingt-cinq ans il ne restera rien des dettes de l'État, et jamais la France n'aura connu une pareille pros-

périté à l'intérieur, une influence aussi domina-
trice sur le reste du monde.

Ne l'oublions pas, c'est le crédit légitimé, assis
sur des bases inébranlables, qui fait la grandeur
et la force des nations, soit chez elles, soit dans
leurs relations internationales.

A côté de cette pensée si riche, si féconde, que
devient le Crédit foncier de France, actuellement
existant ?...

Au lieu de la subvention annuelle payée par le
Trésor au Crédit foncier, mon système donne à
l'amortissement quatre-vingt-dix millions de revenus annuels; les obligations du Crédit foncier
sont discréditées, moins parce que le revenu
qu'elles donnent est insuffisant, que parce que
tout le monde ignore si le chiffre d'émission est
en rapport avec le gage; en d'autres termes,
si lesdites obligations ne dépassent pas les prêts
consentis par le Crédit foncier, et si le capital de
garantie est réellement déposé dans ses caisses.

Mes titres nominatifs, au contraire, ne peuvent
laisser subsister aucun doute; ils sont joints à la
grosse elle-même du contrat d'obligation, pour en

faciliter la cession, pour détruire toute immobilisation du capital pour le contrat d'obligation lui-même.

Le Crédit foncier est obligé, pour prêter, d'emprunter sans cesse, son capital primitif étant épuisé !... Il ne réalise donc de bénéfices que sur la différence entre l'intérêt qu'il reçoit et celui qu'il donne.

D'après mon système, je puis prêter sans jamais emprunter, parce que le chiffre d'émission de mes billets au porteur, non productifs d'intérêts, autorisé par les Chambres, une fois atteint, mon bénéfice annuel, qui va toujours grandissant par la capitalisation, suffira aux demandes des emprunteurs.

Je n'impose pas mes titres nominatifs, je les garde en portefeuille ; je les délivre s'ils sont demandés ; c'est un placement de faveur pour le capitaliste.

Je les donne au pair, bien qu'ils ne produisent que 3 0/0, parce qu'il ne saurait exister de chance de hausse ni de baisse, que le contrat d'obligation de dix mille francs vaudra toujours dix mille francs et sera remboursé à ce prix sans contestation, sans difficulté possible, quelle que soit la convention fixant les intérêts de la somme prêtée.

Ce n'est pas une valeur de crédit, comme les obligations actuelles du Crédit foncier, c'est une valeur réelle, fixe, valant aujourd'hui et toujours le numéraire, et s'échangeant à toute heure au pair, dans les transactions journalières, malgré les frais de toute nature dont elle est environnée, malgré l'immobilisation qui la frappe, obstacles que je fais disparaître.

Pas de comparaison à établir.

Il ne me reste qu'à démontrer que je suis en mesure de sauvegarder tous les intérêts engagés dans le Crédit foncier de France, pour que toute irrésolution cesse et que sa liquidation me soit accordée.

C'est bien simple!... Avec mon capital, je puis rembourser au pair les actionnaires; je ne leur dois rien de plus; je ne suis pas obligé de les suivre dans cette fièvre de hausse qui les entraîne sans motifs.

Après cette première opération, devenu possesseur des contrats d'obligation souscrits au Crédit foncier, chaque succursale enverra, d'après mon système, la grosse des prêts faits dans son ressort, à la caisse centrale, suivant les formalités déjà indiquées ; la caisse centrale détachera des registres souches un chiffre égal en billets au porteur, et je rachèterai au pair toutes les obligations ou lettres de gages en circulation.

Je puis offrir aux porteurs des obligations actuelles, des espèces, des billets de banque ou des titres nominatifs, s'il leur plaît de conserver un placement au-dessus de toute chance de perte.

En remplaçant le Crédit foncier, en remboursant ses actionnaires et les titres mis par lui en circulation, je fais une opération, qui, sans nuire à personne, me rapporte le même bénéfice que si je prêtais de suite moi-même pour une somme égale aux lettres de gages et obligations retirées par moi de la circulation.

L'actionnaire, je l'ai déjà dit, est remboursé au pair.

L'emprunteur a donné au Crédit foncier un

contrat d'obligation, il est payé ; il a bénéfice à devenir débiteur de la nouvelle Caisse d'amortissement, puisque désormais, quel que soit le mode d'emprunt accepté par lui, il profite de la réduction du taux de l'intérêt.

Le propriétaire des obligations du Crédit foncier, a acheté ces titres au-dessous du pair ; il ne saurait réaliser qu'en les vendant lui-même à de semblables conditions.

Aussi l'emprunteur et le capitaliste se trouvent tous les deux en bénéfice ; le premier, qui ne doit plus qu'un intérêt de 4 0/0 ; le second, qui réalise comme prime la différence entre la vente au pair et le prix d'achat des titres du Crédit foncier, dont il est porteur.

Ainsi, à côté du mal le remède !... Pas d'innovation dangereuse, pas un intérêt déplacé qui ne soit puissamment sauvegardé !... Si mon système avait eu quelque chose d'injuste, malgré le bien qu'il peut faire, je l'aurais brûlé ; s'il avait été violent, s'il avait remis tout en question, s'il était un bouleversement de notre économie sociale, j'en aurais repoussé jusqu'à la pensée.

Mais rien de tout cela ne saurait lui être reproché. Aussi, est-ce avec confiance que je le présente à l'État et que je demande au Gouvernement la liquidation du Crédit foncier, en m'appuyant sur les considérants qui suivent :

1° Considérant que la propriété foncière a besoin d'une institution de crédit, fortement organisée, qui lui prête à bon marché ;

2° Considérant que le Crédit foncier de France ne saurait remplir cette première condition ;

3° Qu'à l'intérêt du capital se joignent forcément les frais d'acte, d'enregistrement, d'hypothèque, de commission, d'expertise, ce qui élève le prix de l'argent de 8 à 10 0/0 ;

4° Que malgré ces lourdes charges, l'emprunteur, donnant une valeur fixe, est obligé de recevoir au pair des obligations dépréciées de 8 à 16 0/0 ;

5° Que ce dernier fait constitue un prêt à usure qui ne peut être toléré ;

6° Considérant que la propriété bâtie, obligée, à Paris, d'emprunter à tout prix, a seule pu s'adresser au Crédit foncier, en subissant toutefois les onéreuses conditions ci-dessus énumérées ;

7° Que ses opérations avec la propriété foncière sont nulles ; qu'il est impuissant à venir au secours de l'agriculture, qui manque d'argent, et, par suite, de bras ;

8° Considérant qu'il est obligé d'emprunter pour prêter ; que, par suite, il ne peut prêter à bon marché, et que si la propriété foncière s'adressait à lui, elle marcherait rapidement à sa ruine ;

9° Considérant que le Crédit foncier ne saurait être utile à ses propres actionnaires, qu'il ne pourrait leur payer un intérêt de 3 0/0 sans la subvention de l'État ;

10° Qu'il est devenu une caisse plutôt industrielle que foncière ;

11° Qu'il a faussé le but de son institution ;

12° Par ces motifs, le Gouvernement, usant de son droit, prend sous sa protection les intérêts des actionnaires actuels du Crédit foncier, ordonne la liquidation immédiate de la présente société et charge la nouvelle caisse fondée sous le titre de *Caisse d'Amortissement, Crédit Foncier de France,* de rembourser les actions à leur chiffre d'émission et de retirer de la circulation, en les payant au pair, les lettres de gage et les obligations émises par la société dissoute.

# OBJECTIONS.

----

Soumis à l'examen d'hommes compétents, mon système s'est trouvé en face d'objections sérieuses : les unes s'adressant à ses conséquences immédiates, les autres reposant sur des préventions ayant leurs motifs dans le passé, sur des abus désastreux dont le souvenir est encore présent.

Les premières trouvent leur solution dans la différence même des institutions du pays, dans la création de tant de valeurs industrielles, dans l'immense développement de notre fortune mobilière.

Les dernières, dans la pensée politique qui présida à la fabrication des assignats, dans le manque absolu de contrôle de cette émission révolutionnaire.

Ces diverses objections, je vais les examiner avec soin, et j'espère démontrer qu'elles n'ont rien de sérieux, rien qui puisse effrayer, rien qui puisse entraver la marche et le succès de mon système.

## PREMIÈRE OBJECTION.

On me dit :

Vous émettez deux milliards de titres au porteur, non productifs d'intérêt. Quel sera le résultat de cette émission ?...

1° Dépréciation du numéraire trop abondant;

2° Baisse du taux de l'intérêt ;

3° Sortie de France des espèces, qui iront sur les marchés étrangers chercher un revenu supérieur.

Je réponds :

Si l'on remonte au jour de la liquidation de

notre fortune mobilière, consommée par la chute complète des assignats et le maximum, et que depuis cette époque on suive pas à pas sa marche ascendante, on est étonné de son accroissement rapide. Evaluée à quatre milliards après la Terreur, elle dépasse aujourd'hui cent milliards.

Depuis vingt ans, des masses de titres portant intérêt ont été livrés à la spéculation et vendus à la Bourse ; cependant, le numéraire qui sert à les acquérir n'a pas augmenté en proportion.

Dans cette situation, on ne comprend pas que le prix de l'argent ne se soit pas accru et que l'intérêt ait plutôt une tendance à la baisse qu'à la hausse. Cependant, il est bien démontré que le numéraire est insuffisant, malgré l'émission exagérée des billets de la Banque de France.

L'argent qui abondait dans nos campagnes a été chercher les primes de l'agio, les dividendes des valeurs industrielles ; la grande propriété trouve seule à emprunter sur contrat d'obligation ; la lettre de change, avec ses onéreuses conditions, est le seul crédit qui reste ouvert à la propriété moyenne.

Elle ne peut s'adresser au Crédit foncier, qui n'a de rapport avec le sol que son titre menteur; par suite, manque de bras et diminution de produits.

Ce qui est incompréhensible, c'est que les économistes qui ont présidé à la création du Crédit foncier n'aient pas vu que l'organisation de cette institution allait contre le but qu'elle se proposait d'atteindre.

Que voulait-on ? Prêter à bon marché au propriétaire foncier obéré; et, pour faire diminuer le prix de l'argent, on a mis en vente une marchandise nouvelle !...

Aux valeurs diverses attirant la spéculation : rentes sur l'État, chemins de fer, valeurs industrielles, on a joint de nouveaux titres; et comme à la Bourse tout s'achète et se vend contre espèces, on n'a fait qu'augmenter la disette de numéraire qui se faisait sentir.

En offrant au capitaliste un placement de plus, on a favorisé cette tendance qui déplace l'argent et lui fait déserter le sol.

En d'autres termes, le Crédit foncier, dans la

proportion des affaires traitées par lui, a contribué à éloigner l'argent de la propriété foncière et à élever le taux de l'intérêt, alors que la pensée première était de le réduire.

Il est évident que, plus sera considérable le chiffre des valeurs de Bourse portant intérêt, plus il faudra d'espèces pour les acheter ; plus l'argent sera rare sur le marché, plus il sera cher. Tout cela s'enchaîne avec une logique si irrésistible, que l'émission des obligations foncières est un non sens, à côté des prétentions premières du Crédit foncier : argent à bon marché.

A-t-on cru sérieusement que ces titres portant intérêt remplaceraient le billet de banque ou la monnaie ?...

Toute prétention de ce genre est inadmissible. De pareils titres sont condamnés par tous les économistes comme valeur de circulation.

Le caractère de la monnaie est d'avoir une valeur fixe, sans alternative de hausse ni de baisse, d'une transmission simple et facile ; les titres portant intérêt, au contraire, n'ont jamais la même valeur ; ils varient sans cesse, d'heure en heure. Il faudrait que chacun eût en poche son manuel du capitaliste pour en déterminer le chiffre au moment de leur transmission.

Dans l'usage, ils ne sauraient être à la portée de l'intelligence des masses ; sources d'erreurs journalières, ils seraient pour la majeure partie de la nation une lettre morte, inacceptables à cause des calculs exigés et de la fraude incessante dont le peuple serait la victime.

Enfin, ils ne sauraient être une valeur de caisse pour le négociant, parce qu'ils rendraient toute comptabilité impossible ; et, classés comme valeur de portefeuille, ils ne remplissent plus le but proposé, puisqu'au lieu de combler le vide monétaire, ils exigent des espèces pour être achetés ; en d'autres termes, ils augmentent la disette du numéraire au lieu d'augmenter le numéraire lui-même.

Le gouvernement a si bien senti cette vérité, l'impuissance absolue du Crédit foncier, le manque d'espèces en face du chiffre énorme d'émission de titres portant intérêt, qu'il a essayé de remédier au mal, en autorisant la Banque de France à émet-

.tre pour un milliard deux cent millions de billets au porteur. — Mais, si d'un côté il a comblé la lacune pour le commerce et l'industrie, il a laissé la propriété foncière isolée, sans argent pour alimenter la production, livrée au contrat d'obligation avec ses conditions si coûteuses, à la lettre de change, à l'usure.

Une fois la Banque de France ramenée à de justes limites, en face du chiffre énorme des titres vendus à la Bourse et des besoins incessants de la propriété foncière, il n'est plus possible de redouter une dépréciation du numéraire, provoquée par l'émission de deux milliards de mes billets au porteur.

J'ai la conviction qu'une fois acceptés, sanctionnés par l'usage, ils auront une telle puissance, un tel crédit, que ce premier chiffre sera lui-même insuffisant pour parer au chiffre grossissant sans cesse de notre fortune mobilière, aux besoins tous les jours plus pressants d'une agriculture qui sort des langes et lutte pour attirer à elle la seule chose qui puisse la féconder : le capital.

C'est à cette situation que la nouvelle Caisse

d'amortissement est destinée à remédier. L'émission de ses billets au porteur s'adresse directement
à la propriété immobilière, par trop délaissée ; elle
lui fournit, à 4 0/0, l'argent dont elle a besoin,
favorise la production, la débarrasse des intérêts
onéreux qui la ruinent.

Cette réduction du taux légal fera, sans nul
doute, baisser de 1 0/0 le taux de l'argent dans
les transactions privées ; mais à ce prix, le capitaliste, ne supportant aucune charge de l'État, est
encore largement rémunéré.

N'oublions pas ce principe d'économie politique : si quelque chose légitime l'intérêt de l'argent, ce sont les chances aléatoires que court le
prêteur ; et ce principe est si vrai, que l'on peut
à coup sûr mesurer le crédit des diverses nations
et la sécurité du prêt au taux légal accepté par
chacune d'elles.

Je laisse d'ailleurs toute liberté aux transactions
particulières ; mais ayant pour but de frapper
l'usure sans dispositions légales, et de favoriser
l'agriculture par la diminution des intérêts, j'ai
dû lui offrir de l'argent à bon marché pour forcer

le capital à baisser de prix par la concurrence.

C'est l'influence de l'Etat, agissant dans l'intérêt de tous. Ainsi :

Pour le commerce.... la Banque de France ramenée aux sages dispositions qui la régissaient au début ;

Pour le propriétaire.... la nouvelle Caisse d'amortissement ne s'adressant qu'à lui seul et jetant pour la première fois dans la circulation des billets au porteur, non productifs d'intérêt, ayant une valeur intrinsèque, une valeur fixe. Chose digne d'attention : par une coïncidence inévitable, plus la propriété sera favorisée, plus elle produira, plus la nouvelle Caisse d'amortissement verra s'augmenter la valeur du gage des titres mis par elle en circulation.

Une émigration du capital est, dans tous les cas, impossible. Si les capitalistes, malgré tous les motifs de sécurité, trouvent insuffisants les intérêts 3 0/0 de mes titres nominatifs, ou les intérêts 4 0/0, qu'ils seront désormais obligés d'accepter dans les prêts faits par eux directement, n'ont-ils pas vingt milliards de titres de toute espèce vendus à la Bourse ? Manque-t-il en France de débouchés à larges dividendes pour les esprits les plus avides, les plus aventureux ?

Que l'on me dise qu'en augmentant·le numéraire je frappe au cœur l'usure, je favorise la production, je cesse d'être à la merci de l'étranger pour les denrées de nécessité première, et, par suite, de lui envoyer mon argent.

Que l'on me dise que l'industrie, trouvant un débouché nouveau dans la richesse du propriétaire, s'élèvera de sa situation actuelle à un degré de prospérité dont nul ne saurait tracer la limite, et attirera les capitaux étrangers sur les marchés français, je le comprends !...

Mais le contraire est un non sens, sur lequel il est inutile d'insister.

## DEUXIÈME OBJECTION.

On me dit :

C'est un levier trop puissant entre les mains de l'État.

C'est un levier tout-puissant, j'en conviens,

pour élever le crédit de l'État à une puissance inconnue !... mais comme moyen d'oppression, comme entrave à la liberté individuelle, toute crainte à ce sujet ne repose sur aucune donnée sérieuse.

Peut-on supposer qu'un prêt soit refusé à un individu d'opinions hostiles ?...

Mais l'État ne réalise un revenu de quatre-vingt-dix millions qu'en prêtant son argent ou ses billets ; les intérêts du prêteur et ceux de l'emprunteur détruisent la pensée d'un mauvais vouloir.

D'ailleurs, où est l'État ?... C'est le gouverneur, c'est le conseil d'administration, qui examinent les droits de l'emprunteur au crédit de la caisse, rien de politique ne peut se mêler à une opération pareille.

Enfin, l'emprunteur, s'il arrivait une exception déplorable, si difficile à admettre, aurait encore le crédit particulier ; et comme le taux de l'argent sera, par le seul fait de l'institution de la Caisse d'amortissement, réduit à 4 0/0, il n'en jouirait pas moins des bienfaits de cette réduction pour se procurer le capital nécessaire.

D'après mes statuts, l'État, comme puissance unitaire, disparaît complètement sous le contrôle puissant et possible à toute heure, de la nation tout entière.

Qui oserait soutenir que l'impôt fixé par un décret, au lieu d'être voté par les Chambres, serait payé ?

Qui oserait soutenir qu'un emprunt non autorisé par la puissance législative serait souscrit ?

Cependant l'État est à la tête du budget, à la tête de la rente !... Il n'a ni la volonté, ni la puissance de dépasser les limites tracées par les représentants de la nation !... Quel péril y a-t-il à le mettre à la tête de l'amortissement ?

Là, comme pour le budget, comme pour les emprunts, sa puissance est limitée à la volonté des Chambres ; agir en dehors de la loi, expression de cette volonté, ce serait son discrédit immédiat, sa ruine.

Chaque jour, la puissance de l'opinion s'établit d'une manière plus souveraine ; la nation, maîtresse de ses destinées par le suffrage universel, peut dire : le roi, c'est moi.

Dans cette situation, quelle succursale de la Caisse d'amortissement oserait braver cette puissance nouvelle, tendre la main à la police et faire d'un prêt un acte politique. Cette prétention ridicule et coupable éloignerait les emprunteurs de la Caisse, dont ils sont tous le bénéfice.

Le prêt accepté, l'emprunteur ne doit à la caisse que l'observation des obligations contractées par lui ; il reste indépendant dans sa vie privée, libre dans sa carrière politique. Je ne parle pas du capitaliste créancier de la caisse, il est évidemment en dehors de toute influence.

Sur qui pèsera donc la pression de l'État?... C'est lui qui est toujours l'obligé.

L'emprunteur lui sert une rente à 4 0/0.

Le capitaliste lui paye une prime de 1 0/0.

Ces deux bénéfices, la caisse les réalise sans rien débourser ; pas de bénéfices sans opérations réitérées, et vous voulez que l'État se suicide en éloignant ceux qui lui font du bien !...

Vous voulez qu'il exerce une pression qui éloignerait de la caisse tous les élémens de sa prospérité !.. Il n'en aura ni la volonté, ni la puissance.

## TROISIÈME OBJECTION.

Voici la troisième objection dans toute sa force ; on me dit :

Nous reconnaissons que vous pouvez prêter deux milliards de titres au porteur sans ébrécher votre capital d'un centime ;

Mais, cette première opération accomplie, vous ne pouvez employer vos trois cent millions qu'en valeurs de portefeuille , à longue échéance ; et quand bien même les capitalistes renouvelleraient à l'infini votre encaisse par des demandes de titres nominatifs, votre capital n'augmentant que par les bénéfices et les intérêts accumulés qui doivent être placés au plus tôt en contrats d'obligation ,

Comment rembourserez-vous vos billets au porteur, qui, comme ceux de la Banque de France, ne sauraient être autre chose que des mandats à vue ?...

Pour que la solution de cette question se présente à l'esprit, parfaitement nette, il ne faut pas juger par analogie , attendu qu'entre les billets au porteur de la Banque de France et ceux de la Caisse d'amortissement, il n'en existe pas.

1° Je ne suis pas une société particulière;

2° Mon billet au porteur a , pour s'échanger contre espèces, les millions du budget de l'État, source inépuisable, et qui se renouvelle à toute heure ;

3° Enfin ce nouveau billet au porteur n'est pas une valeur de crédit, c'est une valeur réelle ; la mobilisation d'un titre dont la minute est déposée dans l'étude de la succursale qui a fait le prêt.

Comme il n'est pas possible de faire servir des titres nominatifs, portant intérêt, aux transactions journalières, démonstration que j'ai déjà donnée, mes billets au porteur remédient à tous les inconvénients des titres nominatifs, les remplacent dans la circulation active, offrent la même sécurité, la même garantie.

Leur valeur intrinsèque répond à leur valeur nominale ; en les acceptant, chacun sait qu'ils sont le produit d'un prêt fait à long terme, qu'il n'existe pour eux aucune alternative de hausse ni de baisse.

Mes titres au porteur possèdent un gage trois fois supérieur au chiffre des billets émis ; en un mot, six milliards de propriétés immobilières, au minimum, répondent de deux milliards de papier en circulation.

Les billets au porteur de la Banque de France ont déjà une émission quatre fois supérieure à leur capital de garantie, et ce chiffre peut être élevé jusqu'à six ; les billets de la Caisse d'amortissement ont, au contraire, trois capitaux de garantie pour un d'émission.

La Banque de France, malgré sa prudence poussée à l'extrême, peut néanmoins éprouver des pertes sensibles ; elle court les chances du commerce auquel elle escompte son papier.

La Caisse d'amortissement n'a pas de chances pareilles à redouter ; elle prête son argent sur une garantie trois fois supérieure, et sans chance de perte.

Une crise peut emporter le capital espèces de la Banque de France, seul gage du paiement de ses billets au porteur, avec les valeurs de son portefeuille.

Le gage de mes billets est au-dessus de toute opération, de toute puissance humaine, c'est le sol.

Je n'ai besoin, pour sauvegarder mes billets, pour leur conserver leur garantie, ni de préserver mon encaisse : il se renouvelle chaque jour aux caisses de l'État ; ni de réescompter mon portefeuille : la minute déposée en l'étude du notaire est toujours là, prête à être convertie en titres nominatifs à la plus légère crise.

Par suite, ni cours forcé, ni suspension de paiements.

Enfin, le Trésor public, l'État, ont le plus grand intérêt à ce que les porteurs des valeurs de la Caisse d'amortissement conservent en elle une confiance illimitée qu'aucun événement ne puisse ébranler.

Je vais plus loin ; je pousse les choses à l'extrême ; je suppose une de ces crises où la fortune des nations fait naufrage, où le numéraire disparaît en entier !... Je veux que le même jour tous les billets au porteur soient présentés en remboursement aux diverses succursales !...

Qu'en résultera-t-il ?

J'ai en main dix mille francs de billets au porteur de la Caisse d'amortissement ; les uns sont du nord, les autres du midi. Je vais à la succursale de mon département, je demande pour la même somme de titres nominatifs ; ces titres, je le sais, sont des contrats d'obligation sur une propriété située dans le département que j'habite, que je connais : Ces titres portent intérêt entre mes mains ; ils sont garantis, de plus, par la caisse ; aucune révolution, aucune puissance au monde ne peut en détruire le gage, qui leur est trois fois supérieur. Si la Caisse d'amortissement ne payait plus mon coupon d'intérêt, si l'anarchie la plus complète bouleversait la société, c'est au propriétaire que je m'adresserais, pour les intérêts comme pour le capital. Dans cette situation nouvelle, je suis donc complètement rassuré, je dors tranquille et laisse passer la tourmente.

Que chacun exige un titre nominatif pour toucher ses intérêts et assurer son capital ; dès lors, si la Caisse d'amortissement n'a pas en main assez de titres nominatifs pour suffire aux transferts demandés, elle fait la même opération que si un débiteur payait par anticipation ou à échéance : elle fait d'une grosse mobilisée en billets au porteur, un titre nominatif, et, pour éviter double emploi, elle fait rentrer ses billets au porteur, qui sont maculés, renvoyés à la caisse centrale, et détruits par les soins du censeur et du conseil d'administration.

Je suppose tous mes billets retirés, tous les propriétaires de ces billets nantis de titres nominatifs et parfaitement en sécurité ; la Caisse d'amortissement restera propriétaire de son capital intégral de trois cent millions et des bénéfices qu'elle aura réalisés jusqu'à ce jour, sans qu'il soit possible de comprendre une seule chance de perte, soit pour l'emprunteur, soit pour le capitaliste, soit pour les divers détenteurs de billets au porteur ou de titres nominatifs, soit pour la Caisse d'amortissement elle-même.

Le capitaliste le plus effrayé, le plus exigeant, ne dort-il pas en sécurité quand son argent est garanti par une première hypothèque, représentant le tiers de la valeur d'une propriété.

Jusqu'à ce jour, tout l'argent qui a fui les

chances aléatoires du commerce, tous les capitaux qui ont refusé de concourir aux emprunts de l'État, tous ceux qui ont eu peur des valeurs industrielles, ont recherché l'hypothèque.

Ce placement aurait-il perdu de son crédit, le jour où le gouvernement s'en servira dans l'intérêt général.

Ainsi, pas de cours forcé.... parce que chacun saura que la garantie des nouveaux billets de banque existe immuable en dehors de l'argent des caisses et des valeurs du portefeuille.

Après la crise, les divers titulaires des titres nominatifs restent libres de transférer de nouveau leurs titres à la caisse, contre espèces ou contre billets au porteur, et la caisse continue, comme par le passé, ses opérations de prêt et d'amortissement.

Si de suite après mon émission je puis impunément braver une crise pareille, traverser sans péril, sans crainte, la supposition impossible d'une France bouleversée et privée de tout numéraire, ruinée par une catastrophe générale, quelle sera ma force après dix ans de calme et de prospérité?

La Caisse d'amortissement, au bout de ce temps, aura joint à son capital primitif de trois cent millions dix annuités de bénéfices, et possèdera dans ses caisses ou en portefeuille, lui appartenant légitimement, près de *deux milliards*.

Alors ses billets au porteur seront reçus avec une confiance illimitée par le monde entier, au courant de sa prospérité et de sa richesse.

Quels événements pourront ébranler leur crédit ?

### QUATRIÈME OBJECTION.

En 1848, M. Thiers, dont la parole est évidemment une autorité, chargé d'un rapport sur divers projets financiers adressés au Gouvernement, a prétendu :

1° Que toute valeur au porteur, émise par l'Etat, serait considérée comme un assignat et tomberait en discrédit;

2° Que l'Etat ne pouvait être contrôlé et surveillé que par lui-même;

3° Qu'au lieu de contracter un emprunt, il

lui serait toujours facile de le remplacer par une émission indéfinie de titres au porteur ;

4° Que l'Etat, fût-il honnête, le public le soupçonnerait toujours de ne l'être pas.

Une pareille doctrine, colorée par tous les artifices de langage de l'illustre orateur, débitée devant une coalition puissante contre les institutions républicaines, prévalut dans la bouche du Chef, et d'un commun accord, sans étudier de quelle garantie on pouvait entourer une émission de billets au porteur, toute combinaison fut écartée et le fantôme des assignats fit rentrer au néant tout système de crédit foncier.

Si j'ai accumulé dans les statuts de la Caisse d'Amortissement les garanties de contrôle et de publicité, c'est afin de démontrer jusqu'à l'évidence que les craintes de M. Thiers n'avaient rien de sérieux, qu'elles étaient seulement une arme de guerre, une tactique des partis.

Mais il fallait effrayer l'opinion, rendre toute amélioration impossible et détacher des institutions nouvelles les timides et les faibles d'esprit.

Les habiles de la coalition firent revivre tout le

cortége de la terreur, alors que la peine de mort était abolie pour crimes politiques.

Ils crièrent à l'oppression sous un gouvernement qui les laissait impunément conspirer au grand jour, qui leur permettait, avec une liberté de presse effrénée, de battre en brêche son principe et ses hommes d'État.

Ils parlèrent loi agraire dans un pays où le sol, divisé à l'infini, ne peut être attaqué par personne, parce que l'ouvrier de Paris lui-même a son vieux père cultivateur et propriétaire.

Ils montrèrent la planche aux asssignats, prête à fonctionner de nouveau, pour amener une seconde liquidation de la fortune publique et privée.

Jamais le principe de Basile : « calomniez, calomniez, il en reste toujours quelque chose, » n'avait été appliqué sur une plus vaste échelle.

Qu'espéraient-ils? que la révolution reviendrait jusqu'à eux? qu'elle abdiquerait la seule conquête sérieuse de 1848, le suffrage universel?...

Insensés... Mais s'ils s'étaient relevés, c'eût été pour une chute plus profonde; la France avait assez de cette halte de dix-huit ans à genoux devant l'Europe, de ce système de corruption qui, grandissant sous le système censitaire, avait été le ver rongeur de ses arbres de liberté.

Les paroles de M. Thiers, en 1848, étaient donc la suite de ce système de dénigrement et non le résultat d'une conviction formulée dans l'intérêt du pays.

Je tiens à le constater, parce que, bien qu'il ait, comme personnage politique, laissé beaucoup à désirer; qu'arrivé au sommet, il n'ait plus rien vu dans le mouvement des masses, rien compris au progrès social; que l'aiguille du progrès se soit arrêtée pour lui juste au moment de son élévation, ce qui arrive pour beaucoup de nos hommes d'État; son intelligence supérieure donne à ses paroles une valeur telle, qu'il fallait démontrer non-seulement qu'il s'était trompé une fois de plus, mais qu'il n'avait prononcé son discours que dans une pensée hostile; qu'il ne l'avait considéré lui-même que comme un levier de démolition contre des institutions qui n'avaient eu que le tort immense de n'avoir pas fait de M. Thiers le *Deus ex machina*.

Une double pensée présida à l'émission des assignats :

Une pensée financière ;

Une pensée politique.

L'assemblée constituante avait décrété, le 2 novembre 1789, la vente des biens du clergé ; en avril 1790, elle décréta l'émission de quatre cent millions de titres, d'après l'ingénieuse combinaison de Bailly.

Plus tard, quand la nation voulut vendre les biens des émigrés, elle se servit du même procédé !... Seulement, qu'arriva-t-il ? C'est qu'il fut émis des assignats pour vingt fois, trente fois la valeur du gage ; que le chiffre indéfini d'une émission sans contrôle discrédita ce papier monnaie, et qu'alors que, dans les transactions particulières, il perdait 80 et 90 0/0 de sa valeur, l'État, obligé de le prendre au pair, se trouvait ainsi vendre à vil prix les biens qui leur servaient de garantie ; le résultat fut une liquidation générale de la fortune mobilière.

La pensée politique était d'entraîner la nation par la vente à parcelles de la propriété ayant appartenu au clergé et aux émigrés, à rompre avec le passé, à s'identifier avec la révolution.

Il est évident que tout acquéreur des biens nationaux devait être un défenseur du nouvel ordre de choses et considérer les hommes de la royauté comme des ennemis dans la vie politique et dans la vie privée, et que, désormais, tout retour vers le passé attaquait à la fois et ses principes et sa fortune individuelle.

M. Thiers a lui-même largement développé cette marche habile des chefs de la révolution, rendant les intérêts particuliers solidaires de l'intérêt général, et créant une force immense pour la défense et la conservation des principes proclamés en 89.

Depuis quand l'abus d'une chose peut-il servir de raison contre la chose elle-même ?

Parce que l'État, ayant sous sa main la faculté de battre monnaie à l'heure d'une transformation sociale complète, a jeté sans contrôle, dans la circulation, un chiffre énorme de titres sans garantie, vous concluez à l'impossibilité d'un Crédit foncier fonctionnant sous sa direction.

Mais, à cette époque, où se seraient trouvés les souscripteurs de deux milliards pour un emprunt de cinq cent millions? Qui eût accepté les bons du Trésor? Qui eût consenti à verser ses épargnes à la caisse de l'État?

La société, dans la crise d'un périlleux enfantement, obligée de se défendre contre l'Europe coalisée, grevée des charges du présent et des dettes du passé, marchant par la dictature à la liberté, n'avait, vis-à-vis de l'État, pour exercer son contrôle. ni les facilités de communication actuelles, ni les débats solennels et indépendants des Chambres, ni cette administration financière si admirablement organisée, ni le sévère contrôle de la cour des comptes.

Les assignats sont aussi impossibles de nos jours, que la famine dans un de nos départements, depuis que la facilité des transports a régularisé les prix des grains sur tous nos marchés.

L'État peut-il remplacer un emprunt par une émission clandestine de rentes 3 0/0?

L'État peut-il jeter, dans un pressant besoin, un chiffre ignoré de bons du Trésor?

L'État peut-il aliéner les rentes acquises par la Caisse d'amortissement, soit pour balancer un budget en déficit, soit pour une dépense imprévue, exigée en cas de guerre pour l'armée de terre ou de mer?

Poser de pareilles questions, c'est les résoudre. Cependant tout cela est centralisé entre les mains du ministère des finances. Et mon institution, dirigée par une caisse centrale, ayant une succursale par département, c'est-à-dire un contrôle divisé, laisserait une porte ouverte à la fraude !...

Mais cette porte, où donc est-elle ?

Le notaire ne délivre de grosse que sur une demande signée du gouverneur et du conseil d'administration de la succursale à laquelle il est attaché. Cette demande, inscrite en tête de la grosse délivrée, fait connaître si cette grosse doit être mobilisée en titres au porteur, ou cédée par le transfert sous forme de titre nominatif ; elle reste annexée à la minute.

Cette grosse, envoyée à la caisse centrale, est examinée par le conseil d'administration ; si elle est trouvée régulière, sur un ordre écrit des censeurs, il est détaché des registres souches une somme en billets au porteur égale à la valeur de la grosse. Ces billets reçoivent la signature du gouverneur et sont expédiés à la succursale qui a fait le prêt.

Je n'ai pas voulu que la caisse centrale fît des opérations de prêt, afin d'éviter qu'elle pût à elle seule remplir toutes les formalités nécessaires à l'émission d'un titre.

Elle n'est que le contrôleur général des opérations de toutes les succursales.

Le billet au porteur, sur l'ordre écrit des censeurs, qu'elle détache de ses registres souches, qui est signé de son gouverneur, ne prouve qu'une seule chose : c'est que la caisse centrale est en possession d'une grosse d'une somme égale.

Pour que le billet ait sa valeur de circulation, il faut encore que le gouverneur de la caisse qui a fait le prêt, le frappe du timbre sec de sa succursale et le revête de sa griffe.

Mais si d'un côté la caisse centrale ne fait aucun prêt, de l'autre, aucune succursale ne peut battre monnaie, aucune succursale n'a en sa possession les registres souches des billets au porteur; leur rôle consiste à lancer dans la circulation ceux qui leur sont envoyés par la caisse centrale.

La caisse centrale, dans les comptes courants ouverts aux diverses succursales, met au crédit de chacune la grosse qu'elle a reçu d'elle, avec mention de la date du prêt et de son importance ;

A son débit, les billets au porteur qui lui ont été expédiés, avec mention de leur date d'émission, de leur numéro d'ordre.

L'opération inverse est faite à toute libération d'un débiteur. La caisse centrale recevant les billets maculés, crédite la succursale des billets qu'elle détruit et la débite de la grosse quittancée, qu'elle expédie au débiteur libéré.

Comment serait-il possible de faire une double émission ? Ce n'est pas la caisse centrale qui le peut... puisqu'il faut qu'elle justifie à son conseil d'administration, aux censeurs, aux inspecteurs des finances, à la commission de la cour des comptes , des billets au porteur détachés des registres souches.

C'est-à-dire qu'elle montre des grosses de contrats d'obligation pour un chiffre égal au chiffre des billets détachés.

Ce n'est pas le gouverneur d'une succursale... puisque ce gouverneur ne met sa griffe et le timbre sec de sa succursale que sur les billets qu'il reçoit de la caisse centrale.

Le notaire délivrera-t-il deux grosses? Mais il faut non-seulement qu'il fasse un faux, mais encore que le gouverneur, que les censeurs, que le conseil d'administration, soient complices d'un faussaire.

Il faut, de plus, que ce faux passe inaperçu à la caisse centrale, où toutes les grosses mobilisées sont déposées, où le contrôle le plus actif est exercé.

Enfin il faut, alors qu'un inspecteur des finances ou de la caisse centrale vient vérifier les opérations des caisses actives, avec une note exacte des billets au porteur expédiés à chaque succursale, qu'il se laisse tromper dans la vérification des minutes enregistrées et déposées dans l'étude du notaire.

Toutes choses impossibles.

En acceptant même ces diverses hypothèses, l'erreur se retrouverait encore au bilan trimestriel, parce que le chiffre des prêts consentis serait inférieur au chiffre d'émission des billets au porteur.

Et d'ailleurs, que prouverait contre l'institution un fait isolé, s'il pouvait se produire, et je nie que ce soit possible.

Est-ce l'État qui pourrait faire cette double émission ?

Mais il faudrait supposer que l'État a pour complices tous les gouverneurs, sous-gouverneurs, censeurs et conseils d'administration de toutes les succursales de France.

Quel est le ministre des finances qui oserait donner l'ordre de détacher pour quelques millions de titres au porteur, alors que ces billets ont encore besoin de la griffe du gouverneur et du timbre sec d'une succursale ?

Alors que le conseil d'administration viendrait en masse protester contre cet abus et réclamer le gage des titres émis?

Alors que la cour des comptes dévoilerait tout

haut la différence entre les titres émis et les contrats d'obligation déposés.

D'ailleurs, l'État n'a-t-il pas tout intérêt au maintien de la Caisse d'amortissement dans toute sa pureté, à son succès le plus complet? Quelques millions frauduleusement obtenus pourraient-ils jamais balancer les bénéfices réalisés par le jeu loyal et régulier de l'institution ?

Je suppose, me dira-t-on, que, soit par moralité, soit par les difficultés de fraude, la marche soit régulière !... Le pays le croira-t-il ?

Mais je ne demande pas au pays de croire sur parole, je lui demande de croire ce dont il est sûr, et je lui donne en main tous moyens de contrôle.

Le censeur de chaque succursale est tenu de présenter au Conseil général du département un exposé exact de situation.

Par suite, une délégation du Conseil général peut toujours s'assurer de l'exactitude du rapport par un examen sérieux des opérations.

Il est urgent de décentraliser autant que possible et d'appeler l'attention des Conseils généraux sur les choses les plus essentielles à la prospérité publique ; ma Caisse d'amortissement , c'est la nation payant elle-même ses dettes ; il est juste que le Conseil Général puisse faire connaître à ses concitoyens :

Les opérations de la succursale de son département ;

Le chiffre des prêts faits. par elle ;

Le chiffre des billets au porteur émis ;

Les bénéfices réalisés ;

Le censeur de chaque succursale est, de plus, tenu de faire publier le bilan trimestriel des opérations de la caisse à laquelle il est attaché , dans le principal journal du département ; de telle sorte que dans chaque département chacun connaîtra et pourra apprécier les opérations isolées de chaque succursale , qu'il retrouvera quelques jours plus tard dans le bilan général de la caisse centrale.

Résumons-nous :

1° Pas de grosse délivrée par le notaire, sans une demande signée du gouverneur et du conseil d'administration de la succursale à laquelle il est attaché ;

2° L'original de cette demande est annexé par lui à la minute du contrat d'obligation ;

3° Copie de la demande est inscrite en tête de la grosse délivrée ;

4° Cette copie fait connaître si la grosse doit être mobilisée en titres nominatifs ou en titres au porteur ;

5° La grosse reste à la caisse centrale, qui ne peut détacher des billets au porteur que sur un ordre écrit des censeurs et pour un chiffre égal à celui des grosses déposées en ses mains ;

6° Ces billets détachés n'ont de valeur qu'après avoir été revêtus du timbre sec de la succursale qui a fait le prêt et de la griffe de son gouverneur ;

7° Compte rendu par le censeur, dans chaque département, au Conseil Général ;

8° Inspection du Conseil Général ;

9° Impression du bilan trimestriel des opérations de la succursale dans le journal du département ;

10° Bilan général publié par la caisse centrale, établissant que la caisse est en possession de

grosses, pour un chiffre égal aux billets au porteur mis en circulation , et que ces billets ne
dépassent pas le chiffre autotisé par les Chambres ;

11° Enfin , après la discussion du budget ,
compte rendu par le Ministre des finances de
toutes les opérations faites par la Caisse d'Amortissement, que la discussion la plus large éclairera
de tout son jour.

Est-ce complet ? Peut-il rester un doute ?
N'ai-je pas rendu impossible jusqu'à la pensée
même d'une faute ou d'une fraude ?

En quoi ces billets au porteur de la Caisse
d'Amortissement peuvent-ils rappeler les divers
essais de crédit foncier, qui ont été dangereu-
sement ou infructueusement expérimentés ?

Me dira-t-on que la créance une fois payée,
le directeur d'une succursale peut remettre en
circulation les billets qui la représentaient; que
par suite le porteur de ces billets peut n'être pas
assuré d'avoir en ses mains un titre ne faisant
pas double emploi et ayant perdu sa valeur
intrinsèque ?...

J'ai tout prévu !... Le directeur est obligé de

renvoyer à la caisse centrale, maculés et frappés de la mention *payé*, un chiffre de billets au porteur égal au chiffre de la créance libérée.

Il est obligé de donner au débiteur une double quittance.

Le débiteur en garde une pour se prémunir contre toute réclamation de la caisse de son département et expédie la seconde à la caisse centrale, afin de retirer la grosse dont elle est en possession.

La caisse centrale réclamerait les billets maculés si elle ne les recevait de suite ; le cautionnement du gouverneur et une pénalité sévère, sont là pour répondre d'un abus qui ne se commettra jamais, parce qu'il n'existera guère de prêt assez important pour balancer le cautionnement et le traitement qu'il perdrait, et le châtiment auquel il ne pourrait se dérober.

Que devient donc cette phrase : *L'Etat ne peut être contrôlé et surveillé que par lui-même...*

Mais le contrôle peut ici être exercé par tous ; chaque département aura les appréciations de son Conseil Général et son bilan trimestriel.

Tous les ans, les opérations de la Caisse d'Amortissement, dans leur détail et dans leur ensemble, seront l'objet d'une discussion approfondie des Chambres, après un sévère examen de la cour des comptes. Enfin c'est aux Chambres qu'appartient de fixer le chiffre des billets au porteur.

Joignez à cela la publicité donnée par la presse, et je vois l'Etat surveillé et contrôlé par la nation tout entière.

Cette objection repose principalement sur cette suspicion générale, dont tout Gouvernement, d'après M. Thiers, doit être l'objet; aussi ai-je voulu accumuler les garanties de tout genre.

A la pensée d'une émission illégale de l'Etat, j'ai opposé la division entre la caisse centrale et ses succursales, la nécessité pour l'Etat d'avoir pour complices toutes les succursales de France, gouverneurs, censeurs, conseils d'administration, conseils généraux, cour des comptes;

En un mot, une impossibilité radicale.

A la pensée de fraude d'un gouverneur, j'ai opposé le chiffre élevé de son cautionnement, son traitement, la marche régulière et pratique de l'institution, l'examen sérieux dont chaque opération est l'objet, les facilités d'un contrôle incessant.... Je n'ai pas su voir par où pouvait s'introduire un abus.

A la pensée d'une méfiance générale, vis-à-vis de l'Etat, j'ai opposé la publicité des débats des Chambres, le compte rendu des conseils généraux, les bilans trimestriels de chaque succursale publiés avant le bilan général, l'examen de la cour des comptes et enfin la libre discussion de la presse.

La méfiance résistera-t-elle à tant de moyens de contrôle et de sécurité, à une publicité si large, si complète?

J'ai laissé jusqu'ici de côté toute argumentation morale. Je n'ai voulu m'appuyer que sur des garanties légales et réelles, afin de rentrer dans l'esprit de l'objection telle qu'elle est formulée.

Cependant ces garanties sont encore sérieuses ; évidemment l'Etat cherchera, pour en faire des gouverneurs et des censeurs, des hommes distingués par leur moralité et leur capacité.

Evidemment dans chaque chef-lieu de département, c'est dans l'élite de la population que seront choisis les conseils d'administration.

Ces hommes, haut placés dans l'opinion publique, consentiraient-ils à déchoir, non-seulement pour un intérêt qui n'est pas le leur, mais qui pourrait au contraire, en amenant la France à une catastrophe, détruire leur fortune personnelle ?

L'Etat lui-même n'a-t-il pas un intérêt puissant à voir la nouvelle Caisse d'Amortissement mériter la confiance générale, puisque de cette confiance légitimement acquise dépendent son succès et ses bénéfices.

Mais la dette payée, l'argent qu'il touchera de l'impôt il pourra le rendre au pays en bienfaits de toute nature, c'est alors qu'il sera sérieusement le distributeur intelligent de la fortune publique, alors qu'il pourra venir, les mains pleines, au-devant de tous les besoins.

Si l'Etat était à la tête de la Banque de France, on pourrait redouter que dans un moment de crise, il n'employât, pour faire face à ses besoins,

et le capital de ses caves, et l'argent du portefeuille réalisé, et que sans garanties de remboursement, ses billets au porteur n'eussent bientôt
plus que le cours forcé pour les maintenir en
circulation.

Mais le gage de mes billets est au-dessus de
la puissance de l'Etat.

Pas d'analogie possible à établir.... Je crois
donc avoir surabondamment démontré que l'objection de M. Thiers tombe tout entière devant
l'organisation de la Caisse d'Amortissement, et
ne saurait, à aucun point de vue, s'appliquer à
elle.

Formulée d'une manière absolue, elle est un
non sens, dont la réfutation a été simple et
facile.

Je ne l'ai du reste considérée, je l'ai dit plus
haut, que comme une pensée machiavélique,
comme un parti pris de repousser sans examen
toute réforme, comme un levier de démolition,
dont la puissance aveugle devait l'ensevelir lui-
même sous tant de ruines.

# CONCLUSION.

---

Pas de nouveaux impôts, pas de nouvel emprunt, respect absolu de tous les droits acquis, telles sont les pensées qui m'ont préoccupé dans le cours de mon travail.

Voici en résumé la situation nouvelle que je fais à l'agriculture, au commerce, à l'Etat.

## I.

On ne cesse de dire : « La France est avant tout agricole ; c'est dans le sol que les économistes placent sa richesse ; c'est de lui que tout vient, c'est lui qu'il faut soigner, enrichir, pour qu'il rende au centuple ce qu'on lui prête. »

La première condition d'une riche production, c'est donc l'argent à bon marché.

Le problème est-il résolu par le prêt sur contrat d'obligation ?...

Par la lettre de change, qui, malgré toutes les décisions de la cour de cassation, est le seul mode adopté pour tourner le 5 0/0 légal ?...

Par le Crédit Foncier de France ?

Seul, mon système peut apporter à tant de gêne, une solution bonne et pratique ; seul, je puis prêter à la propriété foncière à bon marché, parce que je prête sans avoir besoin d'emprunter ; parce que l'argent que je prête ne me coûte rien, en évitant tous les écueils déjà signalés :

1° Facilité de ruine pour le propriétaire ;

2° Immobilisation de capital ;

3° Encombrement sur le marché, par une émission indéfinie de billets au porteur.

On se préoccupe à juste titre de la cherté excessive des denrées de nécessité première, qui deviennent inabordables pour le pauvre : mais il est évident que si le propriétaire a de l'argent à bas prix, il peut cultiver son champ à moins de frais, mieux rétribuer la main-d'œuvre, obtenir une plus grande somme de produits.

C'est peut-être le seul moyen de ramener aux champs cette population qui émigre vers les villes, et que quelques jours de grève jettent à la merci de l'émeute ;

Le seul moyen de résoudre cette question, si souvent controversée, de la vie à bon marché.

## II.

Le négociant, sous le coup des variations subites de l'escompte, voit dans les moments les plus difficiles le crédit se resserrer.

J'en ai donné les motifs ; l'émission en dehors de toute limite des billets au porteur de la Banque de France, la nécessité de préserver l'encaisse pour parer au remboursement, font naître des crises factices, aussi dangereuses que les crises réelles.

En donnant aux billets de la banque de

France une valeur intrinsèque, je fais disparaître tous les dangers de sa situation actuelle, j'assure au commerce des jours meilleurs.

III.

Enfin l'Etat se débarrasse d'une subvention onéreuse, que bon gré malgré il serait obligé de continuer au Crédit Foncier de France, mis au monde sous son patronage.

Il n'est plus obligé de tolérer, d'absoudre ce mode de prêt, ruineux pour l'emprunteur à tant de titres.

Il faut bien le dire : l'Etat est responsable, vis-à-vis des tiers, du prêt que fait le Crédit Foncier quand il donne comme espèces ses obligations au pair.

Comment les tribunaux condamneront-ils un usurier, alors que le Crédit Foncier, sous la protection du Ministre des finances, a joint à tous les frais qui rendent déjà sa caisse inabordable, la dure exigence de faire accepter au pair un papier déprécié ?

Qu'une crise survienne ; si l'Etat, pour éviter un désastre, donne cours forcé aux billets de banque, il se fait vis-à-vis des détenteurs responsable du remboursement.

Mon système change cette situation intolérable.

Il fait de l'Etat le protecteur de l'agriculture et du commerce, sans engager sa responsabilité morale; sans entraver la liberté individuelle ; il crée une richesse nouvelle, inépuisable.

Par la capitalisation d'un revenu annuel de 90 millions, il laisse voir l'heure où la dette de l'Etat sera payée, où le budget des recettes aura un excédant de plus de 350 millions.

Il établit par la force d'un crédit illimité, l'influence morale de la France sur le monde entier.

Voilà les conséquences.

Pour les réaliser, que faut-il ? Changer de route, accepter de sages économies, me donner la force de mettre mon idée en pratique.

# TABLE.